CÓMO APRENDER SIN AYUDA DE OTROS

Todo lo que Necesitas para Aprender a tu Propio Paso, sin la Ayuda de Maestros o Tutores. 2 Libros en 1 - Cómo Aprender por tu Cuenta, Cómo Eliminar Distracciones

NATHANIEL DAVIDS

Índice

Cómo Aprender por tu Cuenta

Cómo Eliminar Distracciones

Cómo Aprender por tu Cuenta

Los Secretos de los Mejores Autodidáctas para Acelerar tu Aprendizaje sin Depender de los Demás

Índice

Introducción

El cerebro humano es un órgano increíble. Está conformado por más de 100 billones de células, 1,000 trillones de conexiones sinápticas y puede procesar una vasta cantidad de información. No es sorpresa, entonces, que seamos tan buenos para aprender una nueva habilidad y absorber tanta información. Puede que no creas que eres especialmente inteligente o "bueno para aprender" pero considera cuánto has aprendido durante el transcurso de tu vida hasta ahora.

Dentro de un par de horas de haber nacido, memorizaste el olor de tus padres, y aprendiste cómo imitar las expresiones faciales de otras personas. En tu primer año de vida, aprendiste a sentarte, gatear, y comenzaste a aprender cómo caminar. Después, aprendiste a usar el lenguaje.

El hecho de que puedas leer las palabras en esta página es prueba de los sorprendentes poderes del cerebro humano.

Ningún otro animal en la tierra tiene un nivel tan alto de habilidad cognitiva.

Sabiendo que cada individuo es una máquina de aprender, ¿por qué tantos de nosotros perdemos la fe en nuestras habilidades de aprendizaje cuando nos volvemos adultos? Por supuesto, la información que tenemos que aprender cuando somos adolescentes y adultos es mucho más compleja y abstracta que aquellas que solíamos absorber en nuestra niñez.

Como resultado, toma sentido que seamos más propensos a experimentar contratiempos y fallas, y esto puede tener un efecto negativo en nuestra confianza propia. Por ejemplo, la mayoría de las personas pueden opinar que dominar las ecuaciones algebraicas es más difícil que aprender a gatear alrededor del piso.

Sin embargo, esto es algo mucho más profundo que solo la complejidad de la información. La simple realidad es que la mayoría de nosotros sabemos lo que tenemos que aprender, ¡pero no sabemos cómo aprenderlo! Empezamos con mucha determinación para expandir nuestro conocimiento en algún área específica, pero nos apresuramos a darnos por vencidos cuando no obtenemos resultados rápidos.

Para empeorar las cosas, algunos tendemos a cambiar la percepción propia y categorizarnos de estúpidos o inhábiles, y por ende terminamos desahuciando nuestros sueños. Afortunadamente, una vez que domines las técnicas que usan las grandes mentes del mundo, lograrás acceder al potencial completo de tu cerebro. Los conceptos difíciles te parecerán mucho más sencillos, y sentirás la inspiración necesaria para extender tu conocimiento día con día. No hay razón por la cual no puedas obtener más logros. Todo lo que tienes que hacer es potenciar tu estilo de aprendizaje, y comprometerte a intentar un nuevo método para asimilar información. En este libro, te mostraré las técnicas de aprendizaje más populares, y otras no tanto, que te ayudarán a incrementar tu capacidad de aprender, sin importar el tema, su extensión, o su complejidad ¡simplemente porque sabrás cómo hacerlo efectivamente!

1

Aprendizaje acelerado y técnicas de memorización - Las claves absolutas del éxito

Los GRANDES PENSADORES, filántropos, y billonarios del mundo todos tienen algo en común. Han tenido que aprender a adaptarse, administrar, hablar, y crear muchas cosas en esta vida. Esto probablemente te haga pensar que son las personas más inteligentes del mundo ¿cierto? En este capítulo, ahondaremos un poco sobre por qué esto no es del todo cierto, y cómo el aprendizaje acelerado nos puede ayudar a alcanzar niveles de conocimiento increíbles en tiempo récord.

Puede que sientas cierta cantidad de escepticismo en este punto. Estas ideas pueden ir en contra de todo lo que siempre has sabido sobre el aprendizaje. Cuando éramos niños y adolescentes, nos enseñaron que, para aprender nuevas habilidades, debemos trabajar duro y esperar que eventualmente se "absorba" de una forma u otra.

· · ·

El problema es que nunca nos dicen cómo y por qué algunas técnicas de aprendizaje son mejores que otras, y por ende debemos recurrir a nuestros propios recursos para encontrar lo que funciona, y lo que no, para nosotros.

También se nos enseña que algunas personas son básicamente "mejores" para acumular conocimiento, una ilusión que es agravada por el sistema de evaluación escolar. Aquellos que reciben calificaciones menos que sobresalientes eventualmente empiezan a creer que son menos inteligentes que aquellos en el cuadro de honor.

Las experiencias que tuvimos en la niñez repercuten relevantemente en nuestra imagen personal, así que este tipo de creencias pueden ser dañinas. Un niño que se convence de no ser tan competente como sus compañeros, proyectará esa creencia en su adultez. En el último par de décadas, muchas escuelas occidentales han empezado a implementar un estilo más interactivo para enseñar, pero varios de nosotros aún cargamos con estas suposiciones sobre nuestras habilidades, sean positivas o negativas.

Si alguna vez has tenido problemas para entender un concepto y al mismo tiempo observabas como un compañero de clases o de trabajo lo comprendía sin esfuerzo aparente, puede que hayas asumido que simplemente esa persona era más inteligente que tú. Es cierto que algunas personas son objetivamente más inteligentes que otras.

. . .

De lo contrario, el concepto del CI (coeficiente intelectual) no tendría ningún sentido. Algunos individuos obtienen mejores resultados en las pruebas de inteligencia. Sin embargo, en la mayoría de los escenarios empíricos, tener un par de puntos CI de más no representa una verdadera diferencia entre un desempeño alto y uno promedio.

En la escuela, yo era un buen alumno. Obtenía buenas calificaciones, y luego conseguí completar una carrera universitaria exitosamente. Sin embargo, rara vez lograba calificaciones perfectas en mis exámenes, y con frecuencia sentía que no estaba usando todo mi potencial. Durante mi segundo año de universidad, observé a mi compañero de habitación, Scott, pasar con excelencia todas sus clases. Química, física, matemáticas - ¡él podía hacerlo todo!

No mentiré – Scott era un buen amigo, pero empecé a sentir un poco de celos. Lo que realmente me enfurecía era que, entre nosotros dos, yo pasaba más tiempo estudiando cada semana.

Asumí que él simplemente había sido bendecido con el cerebro de un genio y la motivación de un atleta de alto rendimiento.

. . .

Un día, me tragué el orgullo y le pregunté cómo se sentía ser naturalmente brillante. Tenía curiosidad de qué sentimientos le generaba ser capaz de navegar sin dificultad a través de las clases avanzadas, y realmente sentía ansias de escuchar su respuesta. Sin embargo, realmente me sorprendió. "Bueno," dijo Scott "Creo que realmente solo debes practicar. Hazlo. Pero no te olvides de divertirte un poco también. Es la manera en la que mis padres me enseñaron a realizar mis tareas del colegio. Supongo que simplemente esa lección se quedó conmigo." Esta conversación me motivó a investigar la ciencia detrás de la memoria y el aprendizaje.

Fue una tarea complicada — hay mucha información errónea allá afuera — pero estaba extasiado de haber averiguado que cualquiera puede mejorar su memoria y habilidades de estudio. Empecé a conseguir mejores calificaciones, y mi nuevo entendimiento de cómo aprender y memorizar me ha ayudado mucho en el ambiente laboral.

Fui capaz de mantenerme al tanto de nuevos descubrimientos en mi campo de especialidad, porque mis habilidades de lectura y retención se habían refinado. En mi tiempo libre comencé a aprender un par de lenguas extranjeras, y llegué a hablarlas con fluidez después de un par de años.

· · ·

No me considero "especial", sólo alguien que tuvo la buena fortuna de aprender un par de trucos y consejos en un punto relativamente temprano de mi vida. Aquellos que tienen un desempeño espectacular no sólo identifican lo que realmente tienen que aprender, sino que también saben exactamente cómo aprenderlo. Saben que no tiene sentido atender a cátedras, leer libros, o acudir a programas de entrenamiento, a no ser que hayas definido una estrategia correcta para ayudar a absorber las nuevas habilidades e información.

Esto no significa, claro, que tu compañero superestrella o tu excesivamente culto compañero de oficina te enseñará cómo aprender. Puede que hayan adaptado sus propias estrategias por accidente hace muchos años, y sólo sepa que le funciona, pero aun así no tenga idea cómo enseñársela a otras personas. En segundo lugar, algunas personas son naturalmente competitivas, e incluso si pudieran articular exactamente la manera en la que aprenden, puede que no quieran compartir ese conocimiento que consideran su arma secreta.

Finalmente, hay muchas técnicas para acelerar el aprendizaje allá afuera. Aunque cada técnica funcionará para alguien, no necesariamente funcionará para todos.

Incluso si por casualidad te encontraste a un super estudiante que está dispuesto y es capaz de compartir sus estrategias, puede que no funcionen en ti. Y esto puede incluso hacerte perder el ánimo.

Aquí es donde este libro juega un rol importante. Lo escribí para todos aquellos que quieran aprender de una manera más eficiente, pero no están completamente seguros de dónde comenzar. Aprenderás numerosas técnicas que te permitirán captar nueva información a un nivel mayor del que creíste posible. Si estás en el colegio o la universidad, las ventajas que obtendrás son bastante obvias.

Podrás desperdiciar menos tiempo al prepararte para exámenes, y te sentirás más confiado sobre tu desempeño académico en general. Este libro aumentará tu autoestima, lo que te motivará aún más, y esto hará crecer tu éxito actual, y muchos beneficios más.

Si estás en un ambiente laboral, también te beneficiarás de las técnicas demostradas en este libro.

Vivimos en una era donde el conocimiento y la creatividad son habilidades cruciales, quien quiera ser respetado dentro de su campo de especialidad necesitará desarrollarlas. Desafortunadamente, también tenemos vidas ocupadas, y es difícil definir un tiempo específico para leer y retener conocimiento que encontramos en libros y artículos. Necesitamos asegurarnos de usar nuestro tiempo eficientemente. **Las técnicas de aprendizaje acelerado nos permitirán hacer eso.**

. . .

Desarrollarás rápidamente una reputación de "experto" en tu área. Aprenderás a leer y absorber información a la velocidad de la luz, lo que te destacará entre tus competidores. Cuando vayas a conferencias, serás capaz de tomar apuntes de alta calidad que te facilitarán repasar el material futuramente.

También te beneficiarás de estas técnicas si eres un padre de familia. Hoy en día, los niños y adolescentes son alentados a involucrarse con el aprendizaje "empírico" en la escuela. Entender la teoría detrás de estos nuevos sistemas permitirán que puedas apoyar a tu hijo o hija más eficientemente. Cuando tengan un proyecto o deban hacer experimentos en clase, ya sabrás cómo y por qué sus maestros están utilizando este enfoque de aprendizaje.

Esto ayudará a desarrollar confianza para tomar un rol activo en la educación de tus hijos.

No importa si eres un adolescente, persona de la tercera edad, o en un punto medio. No importa si eres hombre o mujer, un alumno de doctorado, o alguien que ni siquiera tuvo la oportunidad de terminar el bachillerato. Todo lo que necesitas en una mente abierta y una actitud positiva.

. . .

El aprendizaje acelerado es accesible para todos. Aún existen muchos mitos sobre el aprendizaje y la edad. El dicho "No puedes enseñarle nuevos trucos a un perro viejo" ¡es, en mi opinión, uno de los más irritantes y dolorosos que existen! Es cierto que tu cerebro es más adaptable y moldeable en tu juventud, pero continúa desarrollándose durante toda tu vida.

Otro problema importante que tocaremos en este libro es la motivación. **La noción de que los aprendices más exitosos no sólo son altamente inteligentes, sino que también están fuertemente motivados, está completamente incorrecta.** La verdad es que nadie se siente motivado para estudiar todo el tiempo. Aprender una nueva habilidad no desarrollar un profundo entendimiento sobre un tema toma tiempo, requiere esfuerzo, y puede conllevar superar muchos obstáculos.

Es natural sentir la necesidad de reducir el esfuerzo de vez en cuando. Las personas de alto rendimiento saben que es inútil quedarse de brazos cruzados y esperar hasta que sientan la motivación para hacer algo. En este libro, aprenderás la verdad sobre la motivación, inercia, y procrastinación. **Hay una gran variedad de técnicas prácticas que puedes a empezar a usar el día de hoy y te ayudarán a aumentar tu rendimiento de gran manera.**

. . .

De hecho, en este libro le he puesto especial énfasis a los métodos y consejos prácticos. Desde modificar tu estilo de vida de manera que sea beneficioso para el aprendizaje, hasta técnicas realmente específicas para recordar nombres y rostros, esta guía te ayudará a aplicar la ciencia del aprendizaje a cualquier situación.

Hay muchos libros sobre aprendizaje disponibles para comprar, pero la mayoría incluyen consejos ambiguos y generales, tales como: "¡No dejes tu estudio de último minuto!" y "¡Toma buenos apuntes!" Estos consejos son buenos y útiles, pero no te ayudarán a obtener resultados.

Necesitas un instructivo paso por paso e información de alta calidad que te ayudará a sacar el mejor provecho de tu tiempo, ¡Y puedo decir con orgullo que este libro te ofrece eso justamente!

El siguiente par de capítulos abarcan los ajustes que tendrás que hacerle a tu mentalidad y estilo de vida. Si no optimizas tu tiempo de sueño y consumo nutricional, tu habilidad para aprender se verá afectada. Piensa en estos capítulos como una base general para los métodos que aprenderás futuramente.

Después, te enseñaré habilidades de aprendizaje avanzadas como lectura rápida, escucha activa, y escritura de notas. En la segunda mitad del libro, abordaremos métodos de aprendizaje acelerado un poco más específicos que te ayudarán a aprender una lengua, memorizar secuencias de números grandes, y recordar nombres y rostros. ¡Cambia de página para aprender cómo y por qué necesitas empezar con hábitos para alcanzar el éxito!

2

Adquiere hábitos para alcanzar el éxito: Cómo tu actitud y estilo de vida afectan tu aprendizaje

EXISTEN tres componentes que necesitas poner en orden antes de convertirte en aprendiz estrella. Una es un grupo de técnicas que han sido exitosamente probadas y son incluidas en este libro. Los otros pilares del éxito son una actitud mental constructiva, y un estilo de vida saludable. En este capítulo, estudiaremos los factores psicológicos y fisiológicos más importantes que le darán forma a tu estilo de aprendizaje y, al final, a tu éxito.

Primero que nada, considera qué tanto crees en tu habilidad personal de crecer y cambiar. ¿Crees que, con las técnicas y consejos correctos, tienes el poder de moldear la manera en la que vives y trabajas? O ¿Temes fallar en todo aspecto y sientes que tu valor personal depende de tus éxitos y fracasos?

· · ·

Si esto te suena familiar, tienes a lo que los psicólogos y expertos de desarrollo personal se refieren como "mentalidad inflexible". Probablemente estás renuente a aventurarte fuera de tu zona de confort. Lo más probable es que odies recibir críticas, incluso si se te otorgan de manera constructiva. Esta forma de vida no conduce al aprendizaje, porque reduce tus expectativas antes de que hayas podido iniciar. También te mantendrá con medio de forzarte a ti mismo o misma, ya que sentirás demasiado miedo de recibir retroalimentación negativa.

Una mentalidad de crecimiento es una base mucho más productiva para cualquiera que busque aprender una nueva habilidad. Las personas con una mentalidad de crecimiento operan desde la suposición de que pueden obtener la habilidad, conocimiento, e incluso las cualidades personales que quieran. Una mentalidad de crecimiento no parte desde un optimismo ingenuo. Se ha creado a través de una visión positiva de la naturaleza humana, y este es un buen punto de partida para el autodesarrollo y aprendizaje.

Si crees que puedes mejorar tus habilidades y conocimiento usando tus propios esfuerzos, es más probable que pongas el suficiente empeño para conseguir tus metas. Concentrarte en el crecimiento significa concentrarte en desarrollar maestría y competencia.

. . .

Aquellos con mentalidad de crecimiento puede que no disfruten de recibir críticas negativas, pero son conscientes de que pueden ser muy útiles para seguir adelante. Quizá lo más importante es que no lo consideran como un ataque personal. Las perciben como un paso necesario en el camino al éxito.

Así que, ¿cómo puedes cambiar de una mentalidad fija a una mentalidad de crecimiento? El primer paso es retar a tus creencias fundamentales sobre la inteligencia y habilidad. Estudios con niños han demostrado que cuando las personas creen que su habilidad se reduce a inteligencia innata y capacidad natural, es más probable que se rindan cuando se enfrentan a un obstáculo.

Después de todo, si crees que tus habilidades operan de manera inflexible, entonces no hay caso en intentar compensar tus deficiencias. **Sin embargo, los niños a quienes se les dice que el trabajo duro es vital para el éxito desarrollarán una actitud más positiva hacia las tareas difíciles que aquellos quienes creen que el éxito depende del nivel de inteligencia.** También es más probable que obtengan un mejor desempeño escolar.

Las investigaciones realizadas en la mentalidad de crecimiento vs. la mentalidad inflexible también han revelado un fenómeno contraintuitivo. La mayoría de las personas creen que decirles a los niños que son inteligentes o talentosos cuando obtienen buenas calificaciones aumentará su autoestima y motivación, ¡pero de hecho es todo lo contrario!

Los padres con buenas intenciones pueden decirles a sus hijos que el éxito académico significa que son inteligentes, pero esto puede provocar que el niño se sienta vulnerable y estúpido cuando se encuentre con retos futuros. Ya que la mayoría de la gente tiene una mayor facilidad para algunas tareas que otros, el niño se decepcionará de sus habilidades eventualmente.

¿Qué significan estos experimentos para ti? Esencialmente, necesitas revisar tus creencias sobre la relación entre logros, inteligencia, y esfuerzo. El paso más importante que puedes tomar para desarrollar hábitos para desarrollar un aprendizaje efectivo es darte cuenta de que cuando empieces a creer que **tus esfuerzos te llevarán más lejos que tu habilidad innata**, entonces obtendrás los resultados que buscas.

Entre mejor sea tu habilidad para persistir durante tareas difíciles, mejor será el resultado final.

. . .

Querrás seguir adelante incluso cuando una tarea es complicada, porque sabrás que, con suficiente tiempo y esfuerzo, obtendrás tu objetivo.

También necesitas darte cuenta de que aquellos que han logrado más cosas en la vida tienden a haber sido quienes trabajaron más duro. Sí, algunas personas nacen con fortalezas multidisciplinarias, pero ningún genio o personaje destacado llegó a la cima sin haber puesto una buena cantidad de esfuerzo. La mayoría también tienen mentalidades de crecimiento que les permite enfrentar sus fracasos y continuar a pesar de ellos. Si no me crees, pasa un par de minutos investigando a un par de tus ídolos.

Lo más seguro es que encuentres que su ética de trabajo y su disposición a tomar retos cada vez más difíciles han sido dos aspectos cruciales para su éxito. Por otro lado, pregúntale a tus compañeros o familiares con resultados de alto rendimiento cómo llegaron a donde están ahora.

¡No te dirán que el secreto del éxito es restringir tu crecimiento, limitar tu confianza, y actuar pasivamente ante la vida!

Recordar tus esfuerzos pasados también te ayudará a promover una mentalidad de crecimiento.

Haz una lista de las habilidades que posees actualmente. Ahora toma nota del esfuerzo que necesitaste hacer para adquirir cada habilidad. Asumiendo que has acumulado al menos un par de nuevas habilidades desde que naciste – y esto incluye leer, escribir, y jugar juegos básicos – este ejercicio comprobará que no solo tienes la habilidad de expandirte y crecer, sino también que necesitas esforzarte si quieres cambiar.

El segundo aspecto psicológico de esto es la motivación. Como mencioné en la introducción de este libro, la mayoría de las personas asumen que aquellos que han logrado muchas cosas deben tener motivación en abundancia. La mayoría de nosotros hemos aprendido que el trabajo duro y horas de martirio generan el éxito así que esta idea pareciera ser correcta en un nivel intuitivo.

Afortunadamente para los que experimentamos fluctuaciones de energía normales, no necesitas depender de motivación intrínseca para lograr las cosas. Nadie tiene "batería" infinita. La motivación sólo juega un rol limitado. Es la acción la que determinará el resultado final, no tu nivel de motivación. Sin embargo, sentirse motivado realmente hace el proceso de aprendizaje mucho más agradable, así que vale la pena desarrollar la habilidad de incrementar tu motivación e iniciativa.

La verdad sobre la motivación es que no aparece cuando queremos. Tiene que ser cultivada. Cuando te quejas de que no puedes motivarte lo suficiente para completar una tarea, el problema real es que estás renuente a enfrentar el problema básico. Y este problema es que no tienes la disposición de intentar algo nuevo que pudiera incrementar tu motivación.

Puede que esta parezca una diferencia mínima, pero es importante. Después de todo, las implicaciones son diferentes para cada caso. Si basas tu trabajo en la suposición de que simplemente no puedes invocar suficiente motivación, y sin la motivación no puedes esperar a obtener los resultados que quieres, entonces estás destinado a sentirte inútil.

Sin embargo, si ves tu falta de motivación como un problema que puede ser solucionado con un cambio de actitud, es más probable que seas capaz de abordar el problema y al final restaurar tu inercia. Cuando la necesidad de trabajar hacia un resultado a largo plazo es más fuerte que la urgencia de hacer algo más divertido en un corto plazo, nos tornamos motivados a trabajar en una tarea. Si te hace falta el impulso para aprender nuevo material, empieza recordándote de las recompensas que obtendrás como resultado de tus esfuerzos.

El ejemplo clásico son las calificaciones de un examen. Si quieres tener éxito en una evaluación y obtener una calificación en particular, necesitarás asegurarte de aprender el material. Por ende, el primer factor a tomar en cuenta cuando hablamos de la motivación es que tus necesidades a corto plazo y tus metas a largo plazo pueden parecer mutuamente excluyentes. Afortunadamente, puedes mantener un balance entre ellas al aprender cómo deshacerte de tus necesidades a corto plazo mientras te recuerdas cuáles son tus metas a largo plazo.

Otro aspecto a considerar son las consecuencias negativas si no consigues poner el esfuerzo necesario. Estas pueden variar, desde sentimientos como la decepción al recibir una calificación menor a la esperada, hasta perder una oportunidad laboral porque no aprendiste lo suficiente sobre la compañía para la que querías trabajar antes de que atendieras a la entrevista. Entre más vívidas puedas sentir e imaginar estas consecuencias, mayor probabilidad hay de que encuentres la motivación que necesitas para hacer tu trabajo.

Finalmente, el número de distracciones en tu ambiente también determinará que tan rápidamente serás capaz de enfocar tu atención en una sola tarea. Para mantener un nivel apropiado de motivación, necesitar divisar las formas de ajustar los factores mencionados anteriormente.

Una vez que hayas definido sistemas que te funcionen, ya no tendrás que esperar a que la motivación aparezca mágicamente. Sabes que has obtenido las bases, y serás más propenso a tener éxito.

· · ·

El tipo de sistema que construyas dependerá de tus circunstancias, tu personalidad, y el tipo de tarea que estás llevando a cabo. Por ejemplo, si tu principal preocupación son las recompensas de las que disfrutarás como resultado de tu trabajo, añadir una mayor cantidad de incentivos puede funcionar bien. Obviamente, estarás trabajando por conseguir un resultado clave, como hablar un idioma fluidamente, pero también puedes establecer pequeñas recompensas a lo largo del camino.

Si las distracciones te están afectando, puedes tener un enfoque proactivo y descargar una aplicación móvil que te prohíba acceder a ciertos sitios web por un tiempo predeterminado. También puedes apagar tu teléfono y colocarlo en otra habitación. ¡Si caes en la tentación, al menos te habrás forzado a enfrentar el hecho de que estás ignorando tu trabajo! **Estos sistemas requieren un poco de motivación para ser mantenidos una vez que se hayan convertido en hábitos.**

Si una aplicación específica siempre está abierta cuando inicias sesión en tu computadora, es más probable que la uses. **Si siempre dejas tu teléfono en otro cuarto durante tus sesiones de estudio, pronto se volverá natural para ti.**

¿Qué deberías de hacer si no puedes tomar la iniciativa de aplicar estas medidas prácticas? Quizá se tiempo de reevaluar tu actitud. La dura verdad es que necesitas ser responsable de asegurarte que el trabajo sea terminado.

Nadie más puede decirte cómo establecer un sistema que funcione para ti, y nadie puede forzarte a prestar atención al material que estás tratando de aprender. Deja de verte como una víctima de las circunstancias, y empieza a pensar sobre las oportunidades que aprender te dará en el futuro. Tomar responsabilidad de tu propio aprendizaje te empoderará. Puedes ser tu propio gran obstáculo, o tu mayor animador. Todo se reduce a la perspectiva que tengas.

Otro enfoque es examinar tus motivos. Embárcate en un serio proceso de autoexploración. Ve directo al centro del problema. Pregúntate por qué estás intentando aprender algo. ¿Estás solo intentando impresionar a alguien? O quizá ¿estás entrenándote para un nuevo trabajo que no quieres en realidad?

Cuando te rehúsas a tomar acciones, incluso cuando crees que te podría beneficiar a largo plazo, es momento de ahondar en ello y encontrar tu verdadero motivo. Encuentra una buena razón para continuar con tu misión, o cambia tu enfoque a algo que se adecue a tus intereses y visión para el tipo de vida que quieres.

. . .

Junto con una actitud para aprender constructiva, también debes de asegurar que estás entrenando a tu cuerpo y cerebro para alcanzar el éxito. Una buena dieta y ejercicio regular son esenciales. Un estudio con adultos que fueron privados de una dieta balanceada durante la niñez ha demostrado que una dieta pobre está ligada con un coeficiente intelectual por debajo del promedio y cognición limitada.

Algunas comidas son menos amigables con el cerebro que otras. Una dieta alta en azúcar tiene un impacto negativo en las habilidades de aprendizaje. Específicamente, existe evidencia científica que propone que las comidas y bebidas altas en fructosa – una forma común de azúcar que es añadida a muchos productos procesados – limitan la capacidad de aprendizaje y retención de información del cerebro. **Reduce los azúcares refinados y granos procesados cuando necesitas darle un empujón a tu cerebro.**

Puede que hayas escuchado que el pescado es bueno para el cerebro. Resulta que los ácidos grasos de la omega 3, que se encuentran en pescados grasosos como la caballa, tienen un efecto positivo en la memoria y la retención de información. De hecho, el consumo de peces aceitosos ha demostrado reducir el riesgo de desarrollar Alzheimer. Si no te gusta el pescado u otras fuentes naturales de omega 3, como las nueces, puedes comprarlo como suplemento en tiendas naturales.

. . .

Un buen patrón de descanso también es esencial si necesitas que tu memoria funcione a nivel óptimo. Si estás intentando aprender mucha información en un periodo de tiempo relativamente pequeño, puede que tengas la tentación de reducir tu tiempo de descanso para forzar un tiempo de estudio más alargado.

Esto te resultará contraproducente, porque necesitamos entre siete y nueve horas de descanso de calidad si queremos maximizar nuestra habilidad para recordar información al día siguiente. En vez de esforzarte al máximo de último minuto, necesitas mejorar tus habilidades de administración del tiempo, implementar técnicas sólidas, y adoptar el hábito de ir a la cama y levantarte a la misma hora todos los días.

Finalmente, el ejercicio también es una herramienta poderosa para tener entre tus recursos. Los fisiólogos y psicólogos han descubierto que hacer ejercicio moderado regularmente ayuda a proteger la estructura y función de las células cerebrales, quienes están encargadas de las funciones cognitivas. ¡Esto incluye a la memoria! No necesitas pasar horas en el gimnasio todos los días. Ejercitarte tres o cuatro veces a la semana es suficiente para cosechar los beneficios de la salud física.

. . .

Como puedes ver, la manera en la que percibimos el aprendizaje puede hacer una diferencia significativa. Un par de cambios simples en tu estilo de vida también te ayudarán a crear una base sólida para el éxito. Con una actitud mental positiva, puedes empezar a implementar técnicas prácticas que te permitirá absorber información rápidamente. En el siguiente capítulo, abordaremos un método que te ayudará a asimilar ideas a un ritmo rápido.

3

Cómo absorber información rápidamente: Aprender a leer más rápido de lo que creías posible

INCLUSO EN LA era digital que vivimos hoy en día, mucha de la información que buscamos se encuentra en libros y revistas. Cuando decides expandir tu conocimiento sobre un tema, puede que busques en plataformas de videos y leas resúmenes en línea, pero la mayoría de las personas aún compran libros sobre los temas que les interesan.

En este capítulo, descubrirás cómo sacar el mejor provecho de tu tiempo de lectura. Aprenderás a incrementar tu velocidad de lectura, cómo absorber los puntos principales de cualquier libro o artículo, y por qué siempre debes de leer varios libros al mismo tiempo.

La lectura rápida es probablemente la habilidad ideal que debes adquirir si quieres mejorar tus habilidades de aprendizaje.

Entre más rápido puedas absorber información, te

convertirás en un aprendiz más eficiente. La velocidad promedio de lectura de un adulto en los Estados Unidos es de 300 palabras por minuto.

Los libros de no-ficción tienen en promedio 50,000 y 75,000 palabras. Esto significa que le tomará a la mayoría de las personas alrededor de tres horas y media leer un libro de 60,000 palabras. Si tienes bastante tiempo para leer, esto no representa un problema.

Desafortunadamente, la mayoría de nosotros no tenemos mucho tiempo libre en una semana promedio. ¡Por esto la lectura rápida es una gran herramienta!

Los expertos en productividad creen que la lectura rápida puede incrementar la velocidad de absorción de información hasta en un 300%. El primer paso es definir tu velocidad de lectura base. Encuentra un nuevo libro que no hayas leído, y ábrelo en una página al azar. Utiliza un cronómetro y registra cuánto tiempo te toma leer una sola página.

Calcula el número de palabras en la página, puedes hacerlo multiplicando el número de palabras en una sola línea por el total de líneas.

Si quieres ser realmente preciso, podrías contar cada

palabra en la página individualmente, pero un estimado también es bueno para el propósito de este ejercicio.

El siguiente paso es entender cuánto tiempo tus ojos pueden mantenerse enfocados en las palabras impresas. En otras palabras, ¿cuánto tiempo le permites a tus ojos permanecer en una palabra o línea? Cuanto más larga sea la permanencia, menor será tu velocidad de lectura. Necesitas entrenar a tus ojos para moverse a través de la línea de texto en un movimiento fluido.

Para hacer esto, coloca una pluma debajo de la primera palabra en una página, de pues muévela a través de las palabras mientras lees. Tus ojos se resbalarán a lo largo de la página, y tu velocidad de lectura incrementará. En este punto, no necesitas preocuparte por realmente entender las palabras que estás leyendo. El punto de este ejercicio es entrenar tus reflejos visuales.

A continuación, necesitas entrenar tu visión periférica. La mayoría de las personas miran los marcos de cada página cuando leen un libro. Esto es una pérdida de tiempo. Entrena a tus ojos para afinarse en la primera letra de cada línea antes de moverse a la siguiente una vez que hayan encontrado la palabra final.

. . .

Para entrenarte a leer de una manera más eficiente, coloca la punta de una pluma debajo de la segunda palabra en una línea. Cuando llegues a la penúltima palabra, mueve la pluma a la línea siguiente. Esto entrena a tus ojos a enfocarse en las palabras, en vez del espacio alrededor de las páginas.

Una vez que sientas la suficiente comodidad con leer de esta manera, empieza con la tercera palabra de cada línea. Puede que esto se sienta extraño al principio, pero dentro de un par de minutos te habrás acostumbrado a leer de esta manera. Pronto serás capaz de leer a la velocidad de dos líneas por segundo.

No necesitas preocuparte de tu comprensión. En esta fase, aún estás entrenando tus reflejos. Después de un par de sesiones de práctica, evalúa tu velocidad de lectura. ¡Seguramente incrementó de manera significativa!

Continúa usando la pluma como apoyo de seguimiento un par de sesiones más hasta que este nuevo estilo de lectura se vuelva natural para ti.

Dos hábitos que debes evitar son mover los labios y regresar. Si tiendes a mover tus labios mientras estás leyendo un texto, causarás que tu velocidad de lectura se reduzca. Nuestros ojos trabajan mucho más rápido que nuestras bocas, así que necesitas eliminar este comportamiento si quieres leer más rápido.

Afortunadamente, los lineamientos que describí arriba te ayudarán a alcanzar esta meta, ¡tu boca no será capaz de mantener el ritmo de tus ojos! Regresar es otro hábito poco útil que estos ejercicios te ayudarán a eliminar.

Cuando retrocedes durante una lectura, tus ojos van hacia atrás, lo que significa que vuelves a leer palabras o líneas.

Algunas personas incluso brincan hacia atrás varias líneas o un par de párrafos, especialmente si se preocupan de haber omitido detalles importantes de alguna forma. Esto puede ser corregido entrenandote para leer cada línea rápidamente, usando el ejercicio de pluma que mencionamos antes. Una vez que sepas que tus habilidades de lectura han mejorado, no te preocuparás de haberte perdido de un punto importante.

Una vez que hayas incrementado tu velocidad, necesitas asegurarte de que eres capaz de entender lo que estás leyendo.

· · ·

Cuando hayas terminado de leer una sección, haz una pausa y pregúntate si has entendido el mensaje principal que contenía el texto.

Si no puedes resumir el fragmento, léelo de nuevo. Tu meta es incrementar tu velocidad de lectura y ser capaz de entender las palabras que están en la página. Esto llega con la práctica, así que comprométete a hacer lecturas rápidas por al menos media hora todos los días.

Antes de que leas un fragmento de texto, deberás familiarizarte con el contexto del libro, y pensar sobre los temas principales que el autor abordará en él. Este trasfondo ayudará a tu cerebro a darle un sentido lógico a la información, incluso si no lees cada una de las palabras.

Si estás leyendo un libro de texto, lee las preguntas de repaso al final de cada capítulo antes de adentrarte en el contenido central. También necesitas asegurarte de que serás capaz de leer sin ruido de fondo u otras distracciones. Una biblioteca u otros lugares silenciosos son perfectos para la lectura rápida.

El mejor método a largo plazo para mejorar tus habilidades de lectura es ampliar tu vocabulario y conocimiento general.

Esto no es una estrategia que puedes implementar dentro de pocas horas o días, pero es una de las mejores maneras de desarrollar habilidades de lectura arriba del promedio.

Lee mucho, y lee libros y revistas de un gran número de géneros. Cuando tu conocimiento general mejore, no tendrás la necesidad de gastar valiosos segundos tratando de entender lo que una referencia cultural significa, y no tendrás que interrumpir tu lectura para buscar el significado de una palabra o frase.

En un mundo ideal, todos seríamos capaces de escoger nuestro propio material de lectura. Desafortunadamente, a veces tenemos que leer un texto que nos aburre. Es sencillo comenzar a soñar despierto cuando estás tratando de acabar un libro académico muy largo. Hay dos consejos clave que te pueden ayudar a mantener la concentración.

El primero es tomar descansos regularmente. El cerebro humano es incapaz de concentrarse en un tema por más de 50-90 minutos seguidos. Toma un descanso de 15-20 minutos cada hora más o menos. No te fuerces a continuar con la esperanza de que terminarás de leer más rápido, porque incluso si llegas al final del libro prontamente, tu comprensión se verá afectada.

El segundo consejo es que escojas tu ubicación de lectura adecuadamente. Si intentas leer un libro muy pesado en la cama, o en una silla cómoda, ¡te quedarás dormido

antes de darte cuenta! Escoge un lugar nuevo, preferiblemente un lugar que no propicie el sueño.

A veces tendrás que identificar los puntos más importantes
de un texto, y estos te asegurarán una atención total. No
todas las secciones son creadas de la misma manera. Hazte
el hábito de mirar la primera y la última oración de cada
párrafo. Algunas tendrán conceptos claves que debes
aprender para desarrollar tu comprensión de un tema,
mientras que otras simplemente desarrollan las ideas de
estos puntos principales o explican la opinión del autor.

La mayoría de los libros de no-ficción están escritos en
párrafos que empiezan con un hecho clave o un consejo, y
luego cierran con una oración de resumen o una liga a la
siguiente sección. Con la práctica, rápidamente serás capaz
de identificar si puedes omitir un párrafo. Los lectores sin
entrenamiento frecuentemente omiten los encabezados de
las secciones o títulos de capítulos. No hagas esto – están ahí
por una razón. Funcionan para señales que te indican los
puntos principales dentro de un texto, y te preparan para
involucrarte con temas en específico.

Las técnicas de arriba te ayudarán a incrementar tu velocidad de lectura, pero ¿cuántos libros deberías de estar
leyendo realmente? La sabiduría convencional nos enseña
que es mejor leer un libro a la vez, de otra manera nos sentiremos abrumados y seremos incapaces de darles la atención

que merecen. Sin embargo, existen argumentos válidos en oposición a este enfoque.

Por ejemplo, algunos expertos en desarrollo personal mencionan que leer varios libros al mismo tiempo nos ayuda a generar una sinergia de ideas entre dos o más libros, y generar nuestra perspectiva única sobre el tema. Como resultado, nos sentiremos más absorbidos por el tema y desarrollaremos una comprensión más a fondo.

Este enfoque funciona incluso si el libro abarca una gran variedad de temas. Los grandes pensadores con frecuencia combinan ideas y conceptos de dos o más campos distintos. Leer más de un libro a la vez te puede ayudar hacer esto también. Designa la mayor cantidad de tiempo posible para ti a leer todos los días.

Ahora divide este tiempo en tres — esta es la cantidad de tiempo que dedicarás a cada libro.

Incluso si solo tienes 15 minutos disponibles al día para leer, harás un progreso considerable en términos de conocimiento y desarrollo personal dentro de un par de semanas. Cuando esto se combina con las técnicas de lectura rápida, serás capaz de leer, y procesar, nuevos conceptos más rápido que antes.

· · ·

Para incrementar la posibilidad de que el material sea absorbido por tu memoria a largo plazo, haz de la lectura una experiencia más activa al forzar a tu mente a procesar información. Si te estás preguntando si esto conlleva tomar notas, estás en lo correcto. Tomar notas es un paso esencial en la transición de lectura a memorización y aprendizaje profundo.

Sin embargo, sólo es útil si lo utilizas de la manera correcta. En el siguiente capítulo aprenderás sobre los mejores y peores sistemas de toma de notas, y cómo puedes resumir información de una manera que acelere tu aprendizaje.

4

Cómo aprender escuchando

LEER ES PROBABLEMENTE la manera más común de acceder a nueva información, pero muchos de nosotros seguramente asistiremos a cátedras y hablaremos con otras personas cuando queramos aprender más sobre un tema. Seas un estudiante universitario quien necesita entender lo que dice su profesor, o una persona de negocios asistiendo a una conferencia, te verás beneficiado de adquirir excelentes habilidades de escucha.

A través del día, pasamos 45% de nuestro proceso de comunicación escuchando a otros. Los mejores estudiantes y empleados son aquellos que están dispuestos a tomar en consideración lo que alguien más está diciendo.

Antes de que asistas a una plática o discusión programada, haz un poco de investigación.

Justo como deberías mirar los encabezados antes de adentrarte en el capítulo de un libro, es una buena idea obtener un resumen de los conceptos generales antes de atender a una cátedra.

Por ejemplo, si debes asistir a una conferencia sobre las tendencias e innovaciones en la industria de tu especialidad, podrías entrar al sitio web de la conferencia y encontrar una lista de los ponentes que te gustaría escuchar. Visitar sus sitios web, leer sus biografías, y mirar un par de sus entrevistas más recientes serían una excelente forma de prepararte.

Para obtener lo mejor de una plática, necesitas asegurarte de que estás usando habilidades de escucha activa. La mayoría de nosotros somos culpables de permitir a nuestras mentes divagar, y esto no te ayudará a aprender nueva información. Si escuchas una cátedra con un ojo en el reloj, pensando sobre tus planes para la noche, o tu serie de televisión favorita, estás perdiendo tu tiempo.

Cualquier con un canal auditivo funcional puede escuchar palabras, pero no todos pueden procesar su significado. Así que ¿Cuáles son los factores que no nos permiten sacar todo el provecho de una plática o cátedra?

· · ·

Parte de la respuesta se encuentra en la psicología social.

La escucha activa empieza con una mente abierta.

Obviamente, cuando vas a una plática o escuchas a alguien más hablar en una conversación, debes de estar presente con la intención de aprender. Desafortunadamente, demasiados de nosotros nos aferramos a nuestras teorías personales y creencias hasta el punto de negar cualquier cosa que sea contradictorio con ellas. Los seres humanos son muy buenos para defender sus creencias, y esto nos convierte en malos para escuchar. Aún peor, somos propensos a operar basados en nuestros sesgos, y con frecuencia usamos estrategias de pensamiento erradas para formar una opinión.

Si quieres usar tus habilidades de pensamiento crítico – y de corazón espero que valores el pensamiento crítico – **es esencial escuchar sin reaccionar defensivamente.** Practica escuchar a ponentes con propuestas diferentes a tus puntos de vista. Ver un par de videos en línea es una manera segura de practicar esta habilidad, porque siempre puedes apagarlos si en algún momento te enojas o alteras demasiado.

Sin embargo, con el tiempo, te darás cuenta de que el mundo no se acabará solo porque alguien está

abogando por un punto de vista en particular. Esto te entrenará en el arte de mantener tus emociones bajo control. Una vez que hayas dominado esta habilidad, serás capaz de apreciar las opiniones de otros, y luego tener un juicio lógico sobre ellos.

Cuando dejas tus emociones de lado y abordas los méritos del argumento de una persona, puedes proceder a poner a prueba tu memoria y comprensión con una mente clara. Cuando un ponente pausa, toma ventaja de esta interrupción para mentalmente resumir la información hasta el último punto dado. ¿Puedes explicarlo sólo con un par de palabras? **Pregúntate si serías capaz de poner al tanto a alguien que acaba de llegar.**

Si la respuesta es no, necesitas escuchar con más atención. Puede que también tengas que examinar las suposiciones que tienes sobre la escucha, y lo que esto significa. La mayoría de nosotros hemos aprendido, implícita o explícitamente, que escuchar sin responder o refutar cada argumento es transmitir concordancia. En realidad, esto no es cierto. Puedes darle a alguien una plataforma y escucharle, incluso por horas, sin necesariamente concordar con lo que dice. No te enorgullezcas de no darle la oportunidad a alguien de ser escuchado.

Ya que estamos en el tema, nuestras preconcepciones y tendencia a estereotipar a otras personas nos pueden llevar a asumir que alguien es un gran ponente antes de que siquiera abran la boca. Esto es porque solemos creer que alguien quien posee una cualidad atractiva debe de ser competente en otras áreas. En psicología, esto se conoce como el Efecto Halo. Por ejemplo, tendemos a asumir que las personas físicamente atractivas son más interesantes y cultas que aquellos que se ven promedio.

No existe una razón lógica para asumir que esto es verdad, pero muchos de nosotros estamos sesgados de esta manera.

Debo admitir que incluso yo soy culpable de estos errores de pensamiento. Una vez asistí a una plática sobre la diversidad en el lugar de trabajo, la que iba a ser impartida por una mujer que rondaba los setenta años. Cuando me senté, empecé a pensar que la presentación seguramente sería aburrida, y que la ponente había sido escogida sólo porque era de una minoría.

Imagina mi sorpresa cuando ella preguntó si tomaríamos su mensaje más seriamente si la ponente hubiera sido alguien con treinta años menos.

Me di cuenta de que tenía un punto, y desde ese entonces, he trabajado para sobreponerme a los prejuicios que hago con los extraños. Esto definitivamente me ha permitido escuchar mejor y más receptivamente.

. . .

Si el tema de una presentación es aburrido, haz conexiones entre el material y tu vida personal. Usa tu creatividad para inventar al menos tres razones por las que la información será un recurso para ti en algún momento. Y si no, al menos serás capaz de impresionar a tu familia y amigos durante un juego de conocimiento general. Idealmente, serás capaz de utilizar tus experiencias pasadas para hacer que la información se sienta más relevante.

Por ejemplo, asumamos que estás aprendiendo sobre la composición y fuerza de diferentes materiales de construcción. Puede que esto no suene realmente fascinante, pero podrías volver un poco más interesante al pensar sobre qué materiales se usaron en tu casa para construirla, y el tipo de material que usarías si tuvieras la oportunidad de construir la casa de tus sueños.

Hacerte preguntas mientras escuchas hablar a alguien también te ayudará a concentrarte en lo que se está diciendo.

Por ejemplo, si el ponente te dice que están a mundo de darte un resumen de los más grandes artistas franceses del siglo 20, pregúntate quién crees que podría estar incluido en esa lista. Si el profesor dice que empezarán la cátedra con un modelo resumido que pueden usar los negocios para captar la atención de sus clientes, piensa sobre los procesos y fases que pueden estar contenidos en ese enfoque.

Hay seis tipos de preguntas que puedes hacerte mientras escuchas: Qué, Dónde, Cómo, Cuándo, y Por qué. Escríbelas en la parte superior de tu libreta de notas, y usa cada una al menos una vez durante la sesión. Anticiparte al punto siguiente del ponente te mantendrá concentrado. Asumiendo que están presentando la información de una manera lógica, deberás ser capaz de hacer suposiciones bastante acertadas sobre qué viene después. Si estás en lo correcto, ¡disfrutarás de sentirte muy inteligente!

Finalmente, no subestimes a las señales no verbales. Un ponente puede estar apoyándose en las palabras y recursos visuales, pero su lenguaje corporal y tono de voz pueden darte pistas sobre lo que realmente necesitas saber, y lo que puedes ignorar despreocupadamente.

Por ejemplo, si parece emocionarse hablando de una teoría en particular, puedes asumir con confianza que cree que se tema es interesante, importante, o ambos. También puedes responder con un par de señales no verbales de tu parte.

Como ponente, es decepcionante mirar alrededor de un cuarto y darte cuenta de que algunos de los miembros de la audiencia no tienen interés en lo que tienes que decir. Ayúdale inclinándote hacia adelante, asintiendo con la cabeza después de un punto clave, y tomando notas. Esto puede detonar un ciclo de retroalimentación positiva. Un ponente que se siente apreciado es más propenso a poner el esfuerzo necesario para volver su plática más interesante. Esto incrementa la atención de la audiencia.

Ten en mente que no todos los ponentes entienden como crear una buena presentación. Si te es difícil entender las partes más importantes de la plática, puede que no sea tu culpa. Durante mis días de universidad, tenía que sentarme a escuchar muchas cátedras de sociología que eran tanto caóticas como aburridas. Uno de mis profesores era un experto reconocido en la industria, pero tenía la tendencia de saltar de tema en tema sin razón. La mayoría de nosotros hubiéramos empezado a bostezar en la primera media hora.

Si tienes el mismo problema, tienes que adquirir una responsabilidad extra para asegurar tu aprendizaje y estudiar libros además de atender a la clase. ¿Es justo que tengas que poner un esfuerzo extra? No, ¡pero la vida no siempre es justa! Reinterpreta la situación como una oportunidad de probar un aprendizaje autodidacta.

Escuchar es una habilidad clave que conlleva mucho del aprendizaje que obtenemos a lo largo de nuestras vidas. Sin embargo, para poder procesar nuevos conceptos, debes de ser capaz de transferir lo que has escuchado a un pedazo de papel. En el siguiente capítulo, te enseñare como tomar notas que te ayudarán a aprender más rápidamente que antes.

5

Organizar la información: Como tomar notas que te den resultados

EN LOS CAPÍTULOS ANTERIORES, te mostré cómo absorber información a través de la lectura y la escucha. La siguiente habilidad que necesitarás utilizar cuando aprendas un tema es el arte de tomar notas eficientes. En este capítulo, aprenderás por qué la mayoría de las personas toman notas que no les ayudan a consolidar su conocimiento. Aprenderás a desarrollar un sistema de toma de notas que funcione para ti, y te ayude a crecer tu conocimiento en el área que desees.

Así que, ¿Cuáles son los errores más comunes que comete la gente? Tomar notas con el único propósito de tener todo escrito sobre papel es probablemente el peor hábito de la toma de notas. No tiene sentido intentar escribir todo lo que has leído o escuchado. ¿Por qué? Primero que nada, es una tarea imposible en la mayoría de los casos.

. . .

A no ser que hayas leído un texto realmente sencillo, o escuchado una plática que solo duró un par de minutos, no es factible replicar toda la información que quieres aprender. ¡Muy pocas personas tienen tanto tiempo para desperdiciar!

Segundo, este estilo de toma de notas no requiere un involucramiento activo con el material. Tus notas no son solo resúmenes de información – aunque hacerlas es, por sí mismo, parte del proceso de aprendizaje. Copiar toda la información de un libro sin prestar atención, o intentar anotar cada punto que haga un ponente, significa que pierdes la oportunidad de pensar sobre nuevas ideas y registrarlas en tu memoria.

Una toma de notas efectiva te permite discernir entre las ideas más importantes – los conceptos avanzados que se encuentran en un tema – y detalles que no son cruciales en tu comprensión general. Te permite absorber lo que realmente necesitas saber. Hay al menos cinco enfoques principales de la toma de notas.

El más sencillo es el método de esquema, que conlleva escribir una pequeña descripción de cada área clave en un pedazo de papel, y luego añadir detalles adicionales bajo de estos.

· · ·

Es mejor usar una computadora si estás usando este sistema, porque te permite regresar a cada punto importante y luego añadir puntos más pequeños bajo de él.

No tienes que preocuparte por quedarte sin espacio, y no tendrás que reescribir tus notas cuando se vean muy desordenadas. Tu meta es crear una jerarquía de los temas más grandes dentro del área principal, y preferiblemente, resumirlos todos en una sola página. Si tienes que usar un pedazo de papel, o simplemente no te gusta teclear, asegúrate de que dejes varias páginas en blanco entre cada tema principal.

Otra estrategia conocida es el método de Cornell. Toma una página y divídela en tres secciones. Dibuja un margen de dos pulgadas de ancho abajo del lado izquierdo de la página. Dibuja una línea horizontal a través de página, a un par de pulgadas del fondo. Estas tres secciones son tus áreas de "notas," "señales/preguntas," y "resumen".

Cuando el ponente haga un punto que parezca importante, o te encuentres con una idea en el libro que estás leyendo, escríbelo en la sección de "notas". No necesitas preocuparte de escribir estos conceptos en un orden jerárquico particular. Para poder agilizar el proceso, utiliza frases cortas en lugar de oraciones completas, y utiliza símbolos y diagramas pequeños de ser posible.

Luego deberás usar la columna de "señales/preguntas"

para anotar las palabras y frases que te ayudarán a revisar el material más adelante. Este proceso te fuerza a involucrarte con las notas que has escrito, lo que es una gran ventaja en si tu tendencia natural es tirar tus notas dentro de tu bolso o mochila y esperar que aún tengan sentido varios días después. Finalmente, la sección baja de la página es para un resumen sobre los términos clave, preguntas e ideas que necesitas aprender.

Este era mi método favorito en el colegio. Cuando mi profesor hablaba sobre varios sociólogos y sus teorías, usaba la sección de notas para anotar mis ideas, y como un espacio donde reescribir los puntos principales de la plática usando mis propias palabras.

Luego procedía a escribir los nombres de los autores más importantes en la columna de "señales/preguntas".

También escribía preguntas rápidas que me forzaban a involucrarme con el material. Así que escribí, por ejemplo, "Talcott Parsons," pero le añadía "¿Cómo describía el autor a la sociedad?" Estas señales y preguntas demostraron ser una buena forma de evaluar mi propio conocimiento más adelante.

Un enfoque más reciente a la toma de notas fue inventado por Scott Young, quien consiguió finalizar el Programa de

Ciencias Computacionales del MIT en un año. Él atribuye su éxito a su gran capacidad de tomar notas. Young llama a este enfoque el Sistema de Flujo.

Los principios detrás de este sistema son completamente opuestos a aquellos que utilizan métodos basados en la jerarquía.

Scott argumenta que, en lugar de capturar cada detalle de una plática o capítulo de libro, los estudiantes deberían aprender a enfatizar la información más importante, crear su propia percepción o transcripción de la información presentada, y generar conexiones entre ideas.

El resultado final deberá ser un documento único que capture la esencia del contenido de una manera que el estudiante pueda comprender. Young afirma que debe ser posible aprender información en el momento de la presentación, en lugar de tener que regresar a tus notas después. Está demás decir que esto puede ahorrarte mucho tiempo si funciona para ti.

Para empezar, experimenta con incorporar flechas en tus notas.

Este simple paso es una buena forma de entrenarte a literalmente dibujar conexiones entre los conceptos. Las flechas funcionan muy bien con cuadros de conjunción, círculos, y otras formas. **En minutos, habrás hecho múltiples diagramas que parecerán cuadros de flujo - ¡he ahí el porqué de su nombre!** Young también recomiendo usar imágenes pequeñas o dibujos para acompañar los diagramas. Esto te mantendrá concentrado, y hará que el contenido sea más memorable.

La originalidad es otro componente clave cuando se trata de tomar notas en este estilo. **Cada vez que hagas una nota, asegúrate que sea con tus propias palabras.** Copiar o transcribir no es una manera eficiente de insertar información a tu memoria. También deberás hacer conexiones entre las nuevas ideas que estás escuchando o leyendo, y aquellas que ya tienes gracias a tu conocimiento base. **Esto ayuda a tu cerebro a percibir que la nueva información es relevante.**

Cuando algo se integra con tu comprensión ya existente en el mundo, es más probable que lo recuerdes después.

Hacer "conexiones pasadas" también es una técnica útil.

Cuando una idea te recuerde a algo que hayas escuchado o leído antes, asegúrate de crear una conexión visual entre ellos. Las ventajas de este sistema es que te fuerza a usar tu creatividad e involucrar a tu cerebro mientras aprendes, lo que acelerará tu aprendizaje. Por otro lado, algunos temas pueden ser demasiado complejos para que puedas resumirlos en papel en una sola sesión.

Si atiendes una plática, puede que el ponente aborde el contenido demasiado rápido, y puede que te cueste trabajo mantener el ritmo. En algunos casos, puede que debas de usar libros de texto u otros materiales de aprendizaje para complementar tu comprensión. Si estás en una cátedra, utiliza tu teléfono para grabar la plática.

(Ten en mente que lo mejor es pedirle permiso al ponente antes de hacerlo.)

Otro enfoque popular a la toma de notas es el sistema de mapas mentales. **La lógica detrás de este concepto es que no aprendemos hechos y conceptos de manera aislada. Incluso las ideas más extrañas que puedas encontrarte tendrán conexiones con tu conocimiento preexistente.**

Los promotores de los mapas mentales argumentan que cuando quieres aprender una idea, deberás de resaltar las maneras en la cual se relaciona con otros conceptos, en este aspecto, comparte similitudes con el sistema de flujo.

· · ·

Los mapas mentales pueden hacerse de la manera antigua, en un pedazo de papel grande, o a través de aplicaciones que podrás encontrar en línea. De cualquier forma, las bases principales son las mismas. **Primero, necesitas escoger una palabra clave, o un título clave que resuma el tema.** No pienses de más en este paso - lo primero que se te venga a la mente probablemente sea suficiente. Dibuja o pega una imagen que te recuerde al tema central.

Esto servirá como un gatillo visual para cuando necesites recordar la información en el resto del mapa. Escoge tu papel dependiendo de la complejidad del tema. Entre más complejo, más puntos deberás anotar, y más espacio necesitarás.

A continuación, añade cuatro o cinco ramas. Cada rama debe ser de diferente color, y se originan desde el centro, deben tener un par de pulgadas de longitud. Asegúrate de dejar suficiente espacio entre cada rama para evitar que se amontonen en la página.

Puedes añadir más ramas después, pero por ahora estas son suficientes.

Una vez que tengas tus ramas dibujadas, añade un par de subramas. Mientras las dibujas, piensa en los temas y subtemas principales que cada una representa. **Adhiérete a la regla de una palabra por rama.** La clave para un buen mapa mental es la simplicidad y claridad de asociación entre los conceptos. Evita usar oraciones o más de una palabra por rama, ya que esto restringe las opciones para desarrollar el mapa.

El tercer paso es utilizar color. Haz que tu mapa sea visualmente atractivo al colorear todas las ramas y subramas. Esto alienta a tu cerebro a ligar colores específicos con pedazos de información.

El último paso es hacer pequeños dibujos o trazar símbolos que asocies con cada tema. No tienes que incluir imágenes por cada rama, pero añadir un par en el lienzo hará el proceso más placentero.

¿Por qué son efectivos los mapas mentales?

Primero que nada, te obliga a interactuar con el material de una manera muy proactiva. Solo tienes un espacio limitado, esto significa que tienes que evaluar cada pieza de información y priorizarla. La segunda razón es que te provee con un apoyo de revisión. Un buen mapa mental es básicamente un conjunto de notas resumido. Puedes usarlos como base para otras técnicas.

. . .

Al final, el proceso de hacer un mapa mental te da una sensación de control y dirección. Para mí, hacer un mapa mental es valioso porque me fuerza a decidir qué áreas del tema son realmente cruciales para mi comprensión. Los mapas mentales son una gran técnica cuando necesitas dividir una gran cantidad de información en pedazos más manejables.

Finalmente, puedes usar lo que el autor Thomas Frank se refiere como "El método de toma de notas de los flojos." Esta técnica es posible solo si puedes tener acceso a las notas o presentación de un ponente previo a la exposición. Todo lo que tienes que hacer es imprimir una copia y luego tomar notas sobre el contenido mientras el ponente está hablando.

Las ventajas de este sistema son que es directo, y es poco probable que te pierdas alguno de los puntos importantes porque ya tienes el esqueleto de la plática frente a ti. Sin embargo, no te permite organizar la información de manera que se adapte a tus necesidades. Por ejemplo, no tendrás espacio adicional para tomar notas extra durante los temas especialmente importantes o complejos. Como resultado, puede que tengas que tomar cierto tiempo después de la clase para reescribir tus notas.

Existe otra arma mortal que puedes añadir a tu arsenal de toma de notas, pero requiere práctica – taquigrafía. El sistema de taquigrafía te permite escribir notas en papel a alta velocidad. En lugar de escribir cada palabra en el estilo usual, utilizas símbolos simples y marcas de lápiz. Existen métodos de taquigrafía bien establecidos que puedes aprender, como el método Pitman.

Estos son altamente efectivos, pero las habilidades de taquigrafía toman semanas (sino meses) para desarrollarse. La mayoría de nosotros no tenemos el tiempo ni la motivación para tomar clases de este tipo de habilidades, además de que pueden resultar costosas. Sin embargo, puedes desarrollar tu propio sistema. Por ejemplo, podrías inventar marcas que representen prefijos y sufijos comunes. Siempre y cuando tus notas te hagan sentido a ti, no importa si tus símbolos son parte de algún sistema oficial o no. Puedes combinar tu taquigrafía personal con cualquiera de los métodos mencionados arriba.

¿Cuál es el mejor método? Algunas personas consideran que el estilo Cornell es el mejor para tomar notas durante cátedras, porque les permite capturar sus pensamientos rápidamente en papel. Sin embargo, este método requiere que uses tu tiempo escribiendo un resumen de la información registrada en tu sección de notas, lo que puede no resultar práctico si necesitas retirarte del edificio rápidamente después de la plática o cátedra.

Aquellos quienes prefieren usar una computadora para crear documentos pueden tener una inclinación por tomar notas organizadas jerárquicamente que pueden luego ajustar con un par de clics. Cada sistema tiene sus fortalezas y debilidades. Establece un día o dos para experimentar con cada uno. Te darás cuenta de que diferentes sistemas funcionan en diferentes situaciones.

Por ejemplo, el sistema del Flow puede satisfacer tus necesidades perfectamente cuando atiendas una cátedra, pero los mapas mentales pueden funcionar mejor cuando necesites realizar el resumen de un libro o capítulo.

Puede que tomar notas no sea sencillo, pero una vez que encuentres un método que te funcione ¡Puede llegar a ser divertido! Es satisfactorio mirar tus notas pasadas y darte cuenta de que has desarrollado una habilidad valiosa mientras aumentabas tu conocimiento.

No te obsesiones mucho sobre cómo se ven tus notas.

Todo lo que importa es si te ayudan a entender un concepto – si se ven bien es una preocupación secundaria.

En el siguiente capítulo pondrás tus notas a prueba usando una técnica rápida y sencilla que resaltará cualquier falta que pueda existir en tu comprensión.

6

La manera más rápida de evaluar tu conocimiento: La técnica de Feynman

---

EN ESTE CAPÍTULO, aprenderás una técnica que tiene el poder de cambiar tu vida. Si quieres solo entender un capítulo de este libro, este es el indicado – no tienes que pasar horas haciendo experimentos con cada técnica de aprendizaje, porque todos los que lo intentaron antes de ti ya han descubierto precisamente qué es lo que funciona bien.

Se llama la Técnica de Feynman. **Este método es un proceso directo con el cual puedes desarrollar rápidamente una comprensión a fondo hasta de los temas y teorías más complicados.** El físico y premio nobel Laureate Richard P. Feynman inventó este enfoque. Aunque su trabajo le requería trabajar con temas complejos y abstractos todos los días, él fue reconocido como un profesor excelente que podía comunicar estas ideas con sus estudiantes fácilmente.

La noción de Feynman era que no puedes afirmar que

comprendes una idea completamente a no ser que seas capaz de simplificarla. ¿Alguna vez has tenido que pausar al estar dando la respuesta a una pregunta porque te diste cuenta, a la mitad de ella, que no tienes en realidad el conocimiento sobre el tema que está siendo discutido? Es vergonzoso, ¿cierto? Estos momentos incómodos demuestran el primer principio de esta técnica fundamental. Es bastante sencillo – **si no puedes dar una descripción gráfica de un fenómeno, entonces no lo entiendes por completo.**

El segundo principio es que es mucho más fácil memorizar algo si tienes que enseñárselo a alguien más.

¿Alguna vez has conocido a un maestro o profesor universitario que decía ser capaz de enseñar su clase dormido?

Esto es porque han explicado el concepto tantas veces, que ahora está permanentemente registrado en su cerebro.

Además, ya que cada estudiante es distinto, el instructor puede haberse visto forzado a ingeniárselas para poder comunicar la idea de varias maneras. Esto consolida la comprensión del maestro aún más.

La ventaja clave de la técnica de Feynman es que puedes usarla en cualquier fase del proceso de aprendizaje. Es tan efectiva para aquellos que van empezando a investigar un tema como para aquellos que ya tienen confianza en su comprensión, pero les gustaría reafirmar su conocimiento.

Empieza con este método, toma una pieza de papel y anota el nombre del concepto que estás estudiando en la parte superior. Este título debe ser corto. Piensa en los tipos de encabezados que podrías ver en un libro de texto – este es el tipo de extensión que necesitas. El siguiente paso es escribir un párrafo resumiendo un concepto con un vocabulario simple. Imagina que estás hablando o escribiéndolo para alguien que nunca ha visto este concepto antes. Añade un par de diagramas si lo crees necesario. Incluye algunas anotaciones si tus dibujos no son lo suficientemente claros.

La siguiente fase conlleva un autoanálisis brutal. Revisa lo que ya has escrito. ¿Te hace sentido? ¿Hay brechas en tu conocimiento? Pretende que te pidieron hacer tus notas como si fuera un trabajo universitario. Utiliza un marcador o toma notas en los márgenes para indicar lo que tienes que revisar.

Ahora toma tus libros o notas originales y vuelve a leer las áreas que te cuestan trabajo. Si aún te encuentras en las fases tempranas de aprender sobre un tema, revisa dos veces que todo lo que has escrito está completamente correcto. Puede que esto te tome un poco de tiempo, pero es una excelente manera de consolidar el conocimiento que ya tienes, y establecer dónde necesitas hacer un esfuerzo extra.

Finalmente, regresa a tu explicación y haz las correcciones necesarias para que sea un resumen realmente simple y efectivo del tema. Asegúrate de que no has usado términos técnicos o jerga como sustituto para una explicación problemática.

Por ejemplo, si estás intentando prepararte para un examen sobre estilos de pensamiento y aprendizaje, puede que hayas utilizado términos como "procesamiento cognitivo." **Pregúntate a ti mismo si realmente entiendes lo que significa ese término, y toma la decisión de leer más sobre el tema para llenar cualquier brecha que exista en tu comprensión de este.**

Una vez que hayas cerrado el libro o pausado el video.

¿Eres capaz de escribir una descripción completa del término o una definición del concepto? **Si no, repite los pasos anteriores hasta que te sientas seguro.**

Aunque la técnica es simple, requiere una dosis saludable de autodisciplina. ¿Por qué? Porque es fácil convencerte de que sabes más de lo que realmente sabes, y de que tus explicaciones son claras. Si intentas mentirte, estarás perdiendo tu tiempo. Toma este ejercicio con una actitud positiva.

No lo interpretes como una forma de resaltar las áreas que ignoras, sino como una forma de entender cómo puedes mejorar. Sé que puede ser deprimente escribir varias veces tu explicación, pero piénsalo de esta manera, en media hora tu comprensión habrá incrementado dramáticamente. El método Feynman es una herramienta de estudio increíblemente eficiente.

Si quieres añadirle una dimensión más a esta técnica, no solo crees una explicación escrita – lleva tu práctica más allá y enséñasela a alguien en persona. Encuentra a dos personas que quieran trabajar contigo. La primera debe ser alguien que no tenga conocimiento sobre el concepto que quieres explicar.

Esto te forzará a convertir las ideas en los términos más sencillos. Pídele que sea honesto contigo. Si siente que tu explicación es confusa o está incompleta, necesitan decírtelo. Por esta razón, lo mejor que puedes hacer es escoger a alguien asertivo.

La segunda persona debe ser alguien que ya tenga una comprensión general del concepto, y sea capaz de corregirte si te equivocas. Por ejemplo, si estás en la universidad, podría ser un estudiante de tu clase que ha logrado dominar el tema. No solo podrán decirte si el lenguaje que estás usando es suficientemente fácil de entender, sino que también pueden ayudarte a revisar tu información. Después de todo, ¡no tiene sentido recordar algo si la información que tienes es incorrecta!

Si no te gusta hacer notas escritas, utiliza otro medio en su lugar. **Por ejemplo, podrías grabarte a ti mismo explicando un concepto, y luego reproducirlo para encontrar áreas de oportunidad.**

La técnica de Feynman es un gran ejemplo del "aprendizaje activo." En los últimos años, los profesionales de la educación se han dado cuenta que cuando los estudiantes son llevados a entender los conceptos por sí mismos, entonces es más probable que retengan este nuevo conocimiento.

Tradicionalmente, el estilo de educación occidental siempre se ha centrado en los maestros. Seguramente si asistes a una escuela o universidad promedio, asociarás la "educación" con la experiencia de sentarte en un salón de clases y ser forzado a escuchar a un maestro o profesor ininterrumpidamente por una o dos horas. A veces, si un maestro es particularmente interesante, esto puede ser una experiencia efectiva y agradable.

Solía tener un maestro de química que podía demostrar reacciones químicas en un podio, y todos en la clase solían considerar sus cátedras bastante estimulantes. Sin embargo, no puedo evitar pensar que, si nos hubieran dado la oportunidad de intentar las reacciones por nosotros mismos, hubiéramos podido retener la información más efectivamente.

Otro consejo es que hagas uso de las analogías, porque estos pueden demostrar conceptos de una forma que los hacen sentir vivos. Por ejemplo, el sistema digestivo humano puede ser comparado con una planta de reciclaje de agua, con los diferentes órganos y procesos digestivos haciendo su propia función cuando se trata de procesar los nutrientes.

Si estás en la universidad, puedes aplicar estos principios durante clase también.

Por ejemplo, si no sabes si tu comprensión de un concepto es correcta, puedes alzar tu mano, definir rápidamente lo que crees que tu profesor está diciendo "usando tus propias palabras", y terminar con "¿lo entendí correctamente?"

Si lo hiciste, entonces habrás consolidado tu propio aprendizaje. Lo que es un gran resultado. Si no lograste entender lo que te dijeron, entonces tu profesor tendrá la oportunidad de corregirte, ¡esto también es un gran resultado!

. . .

Por supuesto, si el tema de discusión es especialmente difícil, lo mejor es hablar con el profesor después de clases o por correo electrónico. De otra forma, arriesgarás tomar demasiado del tiempo de la clase, ¡y esto no te hará muy popular! Mandar y recibir correos electrónicos también te proveerá con un registro escrito que puede ayudarte a revisar información más adelante.

Si tienes la oportunidad de dar retroalimentación a una clase que es tradicional y "centrada en el maestro," toma la oportunidad para alentar al líder de aula a implementar estrategias de aprendizaje activo. Sugiere en el documento pertinente que los alumnos trabajen en grupos, hagan ejercicios donde tomen turnos para explicar los conceptos los unos a los otros.

También podrás practicar esta idea inmediatamente si eres parte de un grupo de estudio. Los grupos de estudio tienen ventajas y desventajas – retornaremos a este tema más adelante – pero te ofrecen una oportunidad valiosa para descubrir cuánto (o qué tan poco) puedes entender en un par de minutos.

Por ejemplo, sentarse en un círculo y tomar turnos para explicar una teoría compleja puede ayudar a que todos se involucren con el material e identifiquen áreas de fortaleza y oportunidad.

. . .

La técnica Feynman puede ponerte en el camino correcto y te permite evaluar tu conocimiento, pero solo es una de muchas técnicas que recaen bajo un espectro más grande de aprendizaje experimental. En el siguiente capítulo, aprenderás más sobre este enfoque, y cómo puede ayudar a aprender nueva información a un paso más rápido.

.

7

Aprender a través de la experiencia y la reflexión: el aprendizaje experimental

TUS MEMORIAS más vívidas probablemente no son de los libros de texto que has leído, o las ecuaciones que un instructor alguna vez dibujó en la pizarra durante una clase. De hecho, tus recuerdos más fuertes probablemente sean tus experiencias personales.

Tu memoria no es como una cámara digital o de video – ¡no podemos recordar todo con el mismo nivel de exactitud, aunque queramos! Es poco probable que seas capaz de recordar las palabras exactas e imágenes en una presentación o texto. Eres más propenso a recordar cómo te sentías durante una clase en particular (ej. ¡Fue muy aburrida!) o cualquier incidente que te pudo haber dado una retroalimentación sobre el progreso que estabas teniendo (ej. Cuando reprobaste uno de los exámenes).

. . .

La retroalimentación inspira emociones e incluso esta inspiración nos empuja a aprender más rápido y eficientemente. En este capítulo, descubrirás por qué "aprender haciendo" es la manera más eficiente de desarrollar una nueva habilidad, y cómo puedes empezar a poner este enfoque en práctica.

Antes de adentrarnos en los pasos que debes de seguir, quiero resumirte la teoría detrás del aprendizaje experimental. El Psicólogo organizacional David Kolb propuso un modelo conocido como el Modelo de Aprendizaje Experimental de Kolb.

Kolb estaba interesado en cómo aprende la gente, tanto en los negocios como en la educación. Su punto principal era que la experiencia es realmente el mejor maestro. El construyó un esquema sobre cómo, exactamente, funciona en la práctica. Su modelo incluye cuatro fases: Experimentar, Reflexionar, Generalizar, y Aplicar. Este modelo puede ser usado para explicar cómo aprendemos, tanto dentro de la educación formal como fuera de ella.

Para sacar el mejor provecho de este modelo, necesitas entender precisamente lo que debes aprender. Esto puede sonar un poco obvio, pero para utilizar tu tiempo lo mejor posible, debes establecer metas específicas.

. . .

Por ejemplo, si necesitas aprender cómo usar el pasado simple para tus clases de francés, asegúrate de tener claro lo que esto incluye exactamente.

¿Debes aprenderlo en el contexto de conversación?, ¿de lenguaje escrito?, ¿ambos? Sé consciente de tus metas y escríbelas en algún lugar de ser posible. Al hacerlo, serás capaz de preguntarte a ti mismo, "¿Esta actividad me está ayudando a alcanzar mi meta?" si en algún punto la respuesta es "no", serás capaz de regresar a tu camino original en un par de segundos.

Para aplicar el primer paso del modelo, necesitas estar en una posición donde puedas acumular experiencia.

Pregúntate dónde y cómo la gente utiliza la habilidad que quieres adquirir, o implementan el conocimiento que esperas obtener.

Continuando con el ejemplo mencionado anteriormente, puede que argumentes que las personas que están usando el pasado simple en francés usualmente son hablantes del francés que están teniendo conversaciones entre ellos.

¿Dónde serías capaz de tener contacto con dichas personas?

· · ·

Una forma de acceder a este tipo de experiencias es descargar y usar una aplicación o programa de lenguaje que te conecte con personas que hablen francés. En un par de minutos, podrías encontrar a un hablante de francés nativo que estará dispuesto a hablar contigo sobre eventos pasados y corregir cualquier error que estés realizando.

Amo este tipo de aplicaciones móviles y de computadora, porque eres capaz de hablar con un ser humano real. Este hace que el proceso de aprender una lengua sea más dinámico. Compara la experiencia de una conversación en vivo con los aburridos ejercicios de vocabulario que sueles ver en los libros de texto, y entenderás a qué me refiero. Actualmente, hablo con dos hablantes nativos de francés cada semana.

Es el trato perfecto – ambos queremos aprender el lenguaje del otro. Todos estamos ocupados constantemente, pero solo diez o veinte minutos de plática casual es suficiente para practicar vocabulario común y tiempos gramaticales.

Recibo retroalimentación inmediata, y aprendo a un nivel mucho más rápido que cuando intento incrementar mi conocimiento del francés usando libros.

Además, también existe el elemento de la presión social, lo que no es realmente malo. Me siento obligado a hacer un esfuerzo verdadero, porque sé que ellos están haciendo lo mismo, ¡y quiero aprender su idioma igual de bien que ellos están aprendiendo el mío!

También empecé a escuchar podcasts (programas de radio en plataformas en línea) en francés, y a ver películas en francés – naturalmente, sumergirte en la lengua es una buena manera de acelerar tu aprendizaje. Puedes incluso reproducir programas de radio o audiolibros mientras haces el quehacer. A medida que dominas mejor el lenguaje, puedes empezar a leer libros escritos por hablantes nativo.

Para usar otro ejemplo, digamos que estás tomando un curso en nutrición y salud pública, y necesitas desarrollar una comprensión de cómo se pueden utilizar las etiquetas de comida para ayudar a las personas a tomar mejores decisiones de compra. Puede que también tengas que aprender sobre las recomendaciones estándar de consumo para adultos y niños.

Tus metas entonces serían memorizar los conceptos clave sobre el consumo nutricional recomendado, y ser capaz de explicar, usando al menos cinco puntos o argumentos, las maneras en la que las etiquetas de comida pueden ser usadas para mantener una dieta apropiada.

. . .

¿Cómo podrías usar el aprendizaje experimental en este caso? Piensa en la forma en la que las personas realmente usan la comida y preparan platillos. Van a la tienda, escogen los ingredientes, los llevan a casa, y cocinan una receta. Si son conscientes de su salud, prestarán atención a información nutrimental en los paquetes, y aprenderán qué comidas los ayudarán en su misión de tomar buenas decisiones.

Podrías hacer lo mismo. Después de investigar un par de recetas en línea y revisar el perfil nutrimental, podrías experimentar con nuevos ingredientes y comidas por un par de semanas. No solo aprenderás mucho sobre cómo los ingredientes pueden ser combinados para hacer un platillo saludable, sino que también probarás nueva comida.

Sentarte y deducir cómo cada comida podría encajar en un plan de dieta balanceado te forzará a involucrarte con el tema, y también te ayudará a entender cómo tu nuevo conocimiento es relevante para la vida diaria.

Si se tratara sobre tomar un examen de nutrición, sería capaz de apostar que estarías más preparado para recordar las bases de la nutrición usando este método que si simplemente hubieras tratado de memorizar todo el capítulo de un libro.

Una vez que hayas acumulado experiencia valiosa, tienes que dar un paso atrás y tomar una decisión consciente para pensar en lo que has aprendido. Has llegado a la fase de "reflexión". En este punto, usar la técnica de Feynman para resumir tu nuevo conocimiento sería una excelente idea. Después, ve un paso más allá y considera cuánto te ha ayudado este estilo de aprendizaje. ¿Fue dinámico?, ¿Hizo que el tema tomara vida?, y ¿fue un uso eficiente de tu tiempo?

Espero que puedas contestar sí a todas estas preguntas. Si no, ¿qué puedes hacer diferente la próxima vez? **Pregúntate si tus actividades te han llevado hacia tu meta y, si no lo hicieron, cómo podrías ajustar tu enfoque en el futuro**. Una vez que hayas desarrollado la habilidad de pensar en el proceso de acumular nuevo conocimiento, empezarás a entender por qué el aprendizaje experimental es considerado una habilidad por sí mismo, no sólo como una manera de absorber un conjunto de hechos o dominar una técnica específica.

¿Sabías que los músicos, quienes típicamente tienen que aprender por experiencia directa a cómo tocar un instrumento, disfrutan de una ventaja distinta cuando se trata de aprender otros temas? Estudios han demostrado que no solo tienden a tener mejores calificaciones que aquellos que no son músicos en exámenes sobre música, sino que también tienden a aprender otros tipos de información a una velocidad más rápida.

· · ·

¿Por qué pasa esto? Cuando alguien aprende a tocar un instrumento musical, están entrenándose para poner atención a diferentes estímulos a la vez – su sentido del tacto, de la vista, y su sentido de la escucha se ejercitan al mismo tiempo. Esto mejora la habilidad cognitiva de una persona y su habilidad para prestar atención.

Además, la retroalimentación que un músico obtiene al practicar su instrumento es instantánea. Por ejemplo, un saxofonista que toca la nota incorrecta se dará cuenta inmediatamente que necesita cambiar lo que está haciendo. **La retroalimentación empírica te enseña que la experiencia es el mejor maestro, así que te alienta a volverte más cómodo con fallar y a aceptar la retroalimentación como un apoyo hacia el éxito.**

El aprendizaje empírico también te enseña habilidades transferibles que te beneficiarán en todas las áreas de tu vida. No solo aprenderás una nueva habilidad o teoría que necesitas para un examen o proyecto, ¡sino que también aprenderás a aprender! Por ejemplo, si dominas el arte de reflexionar sobre tus experiencias y modificar tu enfoque en tu siguiente intento, serás un gran recurso para cualquier empresa, porque siempre tomarás responsabilidad por tus resultados y estarás dispuesto a enfrentar tus debilidades.

El aprendizaje experimental también te enseña que tus contribuciones son válidas e importantes, lo que mejora tu confianza y capacidad de trabajar con otras personas. Si tienes hijos, puedes alentarlos a dominar habilidades diarias al intentar, fallar, y utilizar la retroalimentación para seguir adelante hacia el dominio de ella.

No hace falta decir que, si tienes una posición de maestro o profesor, deberías de hacer todo lo posible para alentar a tus estudiantes o aprendices a aprender a través de la experiencia. No tienes que usar la frase "aprendizaje experimental" – "aprender haciendo," "prueba y error," y "ser aventado al ruedo" ¡Son excelentes maneras de resumir este enfoque!

Una vez que hayas reflexionado sobre tu experiencia de aprendizaje, puedes empezar a generalizar lo que has aprendido, y luego aplicarlo. Por ejemplo, una vez que hayas dominado un par de recetas, puedes empezar a aplicar las habilidades que aprendiste (mezclar, medir con exactitud, etc.) a otros experimentos culinarios.

Empezarás a apreciar cómo tus habilidades pueden volverse de uso general, y cómo pueden serte benéficas en otras situaciones. Por ejemplo, puede que aprendas que mezclar las cosas apropiadamente es esencial para hornear el pastel perfecto. Entonces crearás una regla general – "Al hornear, siempre debes tomarte el tiempo suficiente para mezclar todos los ingredientes hasta que se haya deshecho el último grumo."

. . .

En el futuro, aplicarás esta regla cuando hagas otros productos de repostería como galletas. Al evaluar las galletas, obtendrás aún más retroalimentación y comprobarás si la regla es correcta.

Seguramente ya habrás notado en este punto que el modelo de Kolb puede interpretarse mejor como un ciclo.

Convencionalmente, aquellos que intentan aprender usando este modelo empiezan por la experiencia. Sin embargo, no existe razón por la cual no puedas empezar en otro punto del ciclo. Por ejemplo, puede que primero obtengas tu regla general, la apliques, obtengas experiencia valiosa, y luego reflexiones en lo que funcionó, y etc.

O puede que empieces por hacer tu reflexión, definir un par de ideas que pudieran funcionar, luego crear un conjunto de reglas y ponerlas a prueba. Sin embargo, Kolb es inflexible en un punto – un aprendizaje profundo sólo puede ocurrir cuando alguien pasa por todas las fases del ciclo.

El aprendizaje experimental es una manera fantástica de expandir tu conocimiento, especialmente si estás aprendiendo una habilidad práctica. Los principios que resumimos en este capítulo ayudarán a acelerar tu aprendizaje, ya sea convertirte en un gran pianista o entender cómo conjugar verbos.

. . .

Sin embargo, a veces necesitarás utilizar una técnica empírica en específico que se ajuste a un ambiente académico.

En el siguiente capítulo, te enseñaré una técnica engañosamente fácil que le permite a alumnos promedio obtener el estatus de superestrellas en solo un par de semanas.

8

La estrategia mortal que separa a los mejores estudiantes del resto de la clase

Cuando les preguntan qué aspectos convierten a alguien en un estudiante superestrella, la mayoría de las personas dicen que todo se reduce al CI, que posiblemente sea gracias al "trabajo duro", o una combinación de ambas. Esta es una respuesta bastante intuitiva. Como ya sabes, algunas personas son más inteligentes que otras.

También sabemos que ninguna cosa valiosa en la vida se logra sin cierta cantidad de trabajo duro. Así que la teoría de que las personas con las mejores calificaciones deben de ser naturalmente astutas, y también inclinadas a invertir varios días de estudio de ser necesario, parece tener validez.

Sin embargo, los estudios proponen que el CI no es realmente un predictor poderoso de las calificaciones de un estudiante. Además, el número de horas que designan a estudiar no se correlaciona con sus resultados. Así que ¿cuál es el ingrediente mágico?

En resumen, todo se reduce a su disposición de pasar por una forma específica de aprendizaje experimental. En este capítulo, aprenderás cómo aplicar la teoría del aprendizaje experimental a la forma de evaluación más temida entre los estudiantes universitarios – los exámenes – usando una técnica subestimada pero muy efectiva.

Si tus días de universitario han quedado en el olvido, puede que sientas la tentación de saltarte este capítulo. ¡Después de la graduación la mayoría de las personas nunca quieren volver a pensar en los exámenes! Esto es completamente entendible si has experimentado traumas relacionados con estas evaluaciones.

Muchos de nosotros hemos roto en llanto gracias a la presión de los exámenes, o hemos experimentado tener una mente en blanco en medio de la evaluación. Yo reprobé un examen de historia durante mi primer año por esta misma razón. Había pasado horas leyendo y releyendo sobre el rol de Rusia en la Segunda Guerra Mundial, pero cuando me senté a responder la primera pregunta, todo pareció evaporarse de mi mente.

· · ·

¿Qué pasaría si aprendieras a lidiar con los exámenes fácilmente? ¿Qué pasaría si las pruebas – cualquier prueba, no solo los exámenes – te inspirarán emoción en vez de temor? Puede que tengas suficiente confianza para reentrenarte u obtener una carrera más inspiradora, tomar una prueba de buceo, o empezar un arte marcial y trabajar hacia tu primer examen de cinta. Te invito a leer este capítulo, y aprender de sus puntos principales, sin importar tu edad o punto de tu vida.

Así qué, ¿cuál es la técnica mágica que aman las personas destacadas? Douglas Barton, fundador de Elevate Education, llevó a cabo una investigación exhaustiva con estudiantes de bachillerato alrededor del mundo. Él y su equipo descubrieron que entre más exámenes haga un individuo, mejor serán sus calificaciones.

Hay otros factores que dictan el éxito académico, pero el predictor clave es la cantidad de horas invertidas practicando el mismo tipo de examen que tomarán para conseguir calificaciones.

Esto no significa que los estudiantes no deberían tomar notas, ir a cátedras, leer extensamente sobre un tema, o evitar utilizar habilidades de estudio que puedan ayudarlos a triunfar.

．　．　．

Sin embargo, los resultados son indiscutibles – si quieres seriamente conseguir calificaciones destacadas, tendrás que invertir todo el tiempo posible para tener pruebas de práctica y mejorar tus habilidades de examinación.

Los estudiantes comúnmente cometen el error de usar todo su tiempo de preparación para aprender material teórico que creen que vendrá en el examen. Sus intenciones son buenas, pero este enfoque demuestra falta de apreciación sobre la verdadera naturaleza y propósito de un examen.

Si, los exámenes sirven para probar tu conocimiento. Al mismo tiempo, también prueban tus habilidades. Necesitas postrar que has puesto atención al material visto en clase, pero también que puedes aplicar este conocimiento y comunicarte en una forma requerida por el examinador.

Tomar exámenes de prueba es aprendizaje experimental puro. Cuando haces un examen de práctica, estás experimentando directamente el proceso de tomar el tipo de examen que deberás presentar. Cuando evalúas tus propios esfuerzos, estás reflexionando sobre lo que has aprendido, y dónde necesitas desarrollar más tu conocimiento.

Puedes ajustar tus estrategias de estudio para abordar tus áreas de oportunidad antes de hacer más preguntas de examen, marcar tus apuntes, etc.

. . .

La mayoría de los profesores y maestros universitarios saben que practicar las preguntas del examen es una gran estrategia de revisión. Probablemente los has escuchado decir algo como "Sería muy inteligente leer algunas de sus tareas," pero la mayoría no se preocupan por enfatizar este punto. ¿Por qué? Porque saben perfectamente bien, como la investigación de Douglas Barton demuestra, que la mayoría de los estudiantes no tomarán sus consejos.

¿Qué pasaría si, por alguna razón, tu instructor no te aplica exámenes de prueba, o sólo puedes tener acceso a uno o dos? Tendrás que usar tu creatividad y formular tus propias preguntas. Repasa el temario del curso. Anota el tipo de examen que presentarás, y los puntos principales cubiertos en el curso.

Formular tus propias preguntas puede tomarte un par de horas, pero no es una pérdida de tiempo. Al contrario, es una experiencia de aprendizaje por sí misma. **Al tomar el rol de un maestro o instructor, te estás forzando a resumir el contenido y seleccionar los puntos más importantes. Esto puede guiar tu sesión de estudio.**

Una vez que hayas escrito tu propio examen, mándaselo a tu instructor o el asistente de el mismo. Pregúntales si tus preguntas están en el área correcta, y si realmente has comprendido el formato del próximo examen.

. . .

Si te dicen que estás en la dirección correcta, puedes continuar con la siguiente fase. Como un bonus agregado, tu dedicación y enfoque proactivo realmente impresionará a tu maestro o profesor.

Incluso si no consigues las calificaciones exactas que buscabas (aunque lo más seguro es que tengas un buen desempeño si pones el esfuerzo suficiente), esto te resultará útil si quieres usar a los maestros como referencia académica en el futuro. Los profesores siempre están dispuestos a ayudar y apoyar a un estudiante que toma sus estudios en serio.

Si conoces a otro estudiante que también reconoce el valor de tomar exámenes de prueba, ¿por qué no intentan escribir dos o tres exámenes cada uno? Luego pueden intercambiar copias. Tendrán el doble de exámenes de prueba sin hacer un esfuerzo extra. También podrían acordar calificar el examen del otro, y proveer una retroalimentación sobre la calidad de las respuestas.

Cómo usas los exámenes de prueba es tu decisión. Yo descubrí que tomar un examen de prueba antes de empezar a prepararme para un examen era un ejercicio constructivo, porque se volvía bastante claro si realmente dominaba un rema, o solo estaba esperando que de alguna manera pudiera pasar la prueba. En otras palabras, empezaba con la fase de "experimentación" del ciclo de aprendizaje de Kolb.

Una vez que había tomado mi primer examen de prueba, entonces podía definir tácticas para elevar mi calificación en la siguiente vez. Por otro lado, puede que quieras empezar por la fase de reflexión. Esto puede consistir en pensar que ya sabes sobre presentar exámenes, lo que ya sabes sobre el tema.

Luego puedes inventar una estrategia que consideres te puede ayudar a salir bien en el examen. A continuación, usarías estas conclusiones – ideas a las que Kolb se refiere como "generalizaciones" – para enfrentarte a las preguntas.

De cualquier forma, apégate al mensaje de que practicar un examen te informará de lo que ya sabes, y también te enseñará donde tu técnica de examinación puede necesitar una mejora.

Por ejemplo, puede que entiendas bien un tema, pero sientas pánico cuando te encaras una pregunta que quiere escribir varias páginas resumiendo y evaluando los puntos principales.

· · ·

La belleza de este ejercicio es que pronto entenderás dónde radica tu problema exactamente. Luego podrás encontrar el tipo correcto de recurso que te ayudará a solucionar el problema.

Por ejemplo, si tienes problemas estructurando las respuestas que deben ser escritas en forma de ensayos, puedes encontrar tutoriales en línea que te enseñen cómo estructurar una gran respuesta. Si tu escuela o universidad tiene un buen centro de habilidades de estudio, puedes pedirle ayuda a un consejero estudiantil. Tendrás una ventaja, porque sabrás exactamente cómo pueden ayudarte. Será más sencillo en comparación con los estudiantes que buscan ayuda porque "tienen problemas con los exámenes y no saben por qué".

Esta estrategia no es sólo útil; puede salvar tu carrera universitaria. Barton señala que los malos hábitos de estudio pueden arraigarse rápidamente, y pueden llevar a un "ciclo de desconexión".

Si caes en el hábito de trabajar duro, pero sin estructura, continuarás teniendo calificaciones decepcionantes. Parecerá que no importa cuan duro trabajes, no hay forma de "ganar."

. . .

Después de un par de semestres, incluso los estudiantes más dedicados empezarán a tener falta de motivación.

Cuando repites un hábito – sea malo o bueno – se vuelve más probable que continúes haciéndolo en el futuro.

¡Entre más rápido arregles tus malos hábitos de estudio, mejor! En este caso, si no estás trabajando en mejorar, te estás entrenando para empeorar.

Por supuesto, para sacar el mejor provecho de esta estrategia, necesitas crear las condiciones del examen tan razonablemente como sea posible. Limpia tu escritorio, y solo utiliza los materiales que te serán permitidos el día del examen. Bajo ninguna circunstancia debes mirar tus notas antes de calificar tu propia prueba. Apaga la televisión, música de fondo, y cualquier otra distracción. No te permitirán usar tu teléfono el día del examen, así que también deberás apagarlo. **Tu meta es practicar recordar y comunicar información bajo circunstancias específicas.**

No hagas esto en pijama, tampoco – utiliza un conjunto similar al que escogerás el día del examen, ¡hasta los calcetines y zapatos! Estos detalles mandarán un mensaje claro a tu cerebro que estos periodos de práctica requieren tu completa atención.

. . .

En resumen, necesitas <u>autodisciplina</u> para hacer este ejercicio exitosamente. Requiere una verdadera fortaleza personal el obligarte a sentarte por dos o tres horas y realizar una tarea que no te otorga mucho disfrute. Además, ¡solo podemos pensar en conceptos avanzados por cierta cantidad de tiempo antes de que nuestros cerebros necesiten un descanso! Nadie es superhumano. Los aprendices exitosos saben que necesitan encontrar un balance entre el trabajo duro y disfrutar sus descansos.

Desafortunadamente, la mayoría de nosotros encontramos excusas para evitar trabajar, incluso cuando sabemos que debemos trabajar duro. Por razones obvias, esto alenta el proceso de aprendizaje – si no estás realmente interactuando con el material ¡no hay forma de que lo aprendas!

Mientras calificas tu propia prueba, haz una lista de tus errores. Te toparás con dos tipos. Una categoría puede ser descrita como "errores absolutos."

Cuando tengas un error absoluto, seguramente olvidaste un pedazo de información completamente, aún te sientes completamente confundido por su significado. El otro error más común es el "error parcial". En este caso, has entendido las bases de una teoría o concepto, pero no entiendes los específicos.

.   .   .

Ahora tendrás un resumen comprensivo de tus áreas más fuertes y débiles de entendimiento. Estas dos listas son útiles por sí mismas, ya que te ayudan a priorizar tu tiempo de estudio. Sin embargo, también sirven como base para otra estrategia de aprendizaje probada científicamente.

En el siguiente capítulo, te enseñaré cómo transformar estas listas en una herramienta poderosa para consolidar lo que ya sabes, y refinar tu conocimiento en las áreas que lo requieran.

9

Cómo usar las tarjetas de estudio efectivamente

MUCHOS ESTUDIANTES utilizan tarjetas de estudio cuando quieren aprender un material nuevo. El método tradicional incluye escribir una pregunta o enunciado en un lado de la carta, y la respuesta al reverso. El argumento para esto es bastante sencillo. Las tarjetas de estudio son una estrategia de aprendizaje activo, porque te fuerza a buscar entre los archivos de tu memoria para encontrar la respuesta correcta. Es mucho más efectivo que leer pasivamente. Por ende, cuando se trata de estrategias de estudio, es bastante buena.

Desafortunadamente, la mayoría de los estudiantes no aprovechan al máximo sus tarjetas de estudio. En este capítulo, te enseñaré cómo sacarle provecho a esta estrategia de estudio clásica. Esta técnica es útil para aquellos que estudian virtualmente.

. . .

Un conjunto de tarjetas bien preparadas puede ayudarte a estudiar en casi cualquier lugar. Esto las convierte en una buena herramienta para personas con agendas apretadas. llévalas contigo y utilízalas cuando estés esperando el bus, el tren, o durante cortes comerciales.

Hay una gran variedad de programas y sitios web que permiten a los usuarios hacer y compartir sus tarjetas de trabajo en línea. En algunos casos estos pueden resultar útiles. Si necesitas absorber una gran cantidad de información dentro de espacios pequeños de tiempo, pueden darte una ventaja.

Sin embargo, personalmente prefiero usar las tarjetas a la escuela antigua, cartulina y pluma. Hacer tus propias tarjetas a mano te da la oportunidad de revisar el tema que estás estudiando, y te fuerza a reducirlo a fragmentos pequeños. Si usas las tarjetas de otras personas, te pierdes esta fase del proceso de aprendizaje. **¡La preparación de las cartas también es una estrategia de aprendizaje activo!**

Utilizar un sitio web o programa también te deja vulnerable a las distracciones.

Los sitios web para tarjetas de estudio contienen miles de tarjetas, así que es fácil empezar a seleccionar y explorar temas que parecen interesantes, pero no realmente rele-vantes para el tema que estás intentando estudiar.

Las tarjetas de estudio son útiles cuando necesitas aprender vocabulario en un idioma, fechas específicas, y terminolo-gía. Con un poco de imaginación, también puedes usarlas para evaluar tu conocimiento en modelos que incluyan diferentes fases. Por ejemplo, digamos que quieres memo-rizar las fases del modelo de Kolb de aprendizaje experi-mental. Este modelo tiene 4 fases: Experiencia, Reflexión, Generalización, y Aplicación. En lugar de escribir "Explica el modelo de Kolb" en tu tarjeta, es mejor usar varias tarjetas para probar tu conocimiento sobre cada una de las fases.

Escribir cuatro tarjetas sería mejor a escribir una sola tarjeta que te pida describir todo el modelo. Las cuatro tarjetas distintas te ayudan a rápidamente identificar cuáles partes del modelo no comprendes.

Si te apegas a la regla de "una tarjeta, una pregunta" también te protegerás de la ilusión de ser competente. El cerebro humano es excelente para reconocer estímulos que ha encontrado en ocasiones anteriores.

Sin embargo, recordar es significativamente más difícil. Si le permites a tu cerebro confundir reconocimiento y recuerdo, empiezas a engañarte sobre "saber" más de lo que realmente sabes.

Un ejemplo te ayudará a entender cómo funciona esto. Imagina que quieres probar tu conocimiento sobre el modelo de Kolb. Digamos que en un lado de la tarjeta escribiste "¿Cuáles son las cuatro fases del modelo de aprendizaje de Kolb?" al reverso escribiste "experiencia, reflexión, generalización, y aplicación" si tu respuesta fue "experiencia reflexión, y generalización" y te dieras cuenta de que la respuesta está mal, puede que te digas a ti mismo que no importa, porque puedes reconocer la respuesta correcta, incluso si no la recuerdas por completo.

Esta es una forma de pensar peligrosa, porque en estos casos realmente no sabes cierta información, sólo la reconoces. Apegarte a solo una pregunta con una sola respuesta es la forma más segura de superar este problema. Por ejemplo, una pregunta más eficaz sería "¿Cuál es la fase después de "experiencia" en el modelo de Kolb"

El gurú del estudio Thomas Frank enfatiza que es importante entender cuándo las tarjetas de estudios no son apropiadas. Si quieres tener una noción de cómo diferentes conceptos interactúan, es poco probable que las tarjetas de estudio te ayuden a desarrollar esta comprensión. Tampoco son realmente útiles cuando estás aprendiendo una habilidad práctica. **Es mejor utilizarlas cuando estás**

intentando aprender datos específicos, así que son perfectas para prepararte para exámenes de opción múltiple o si necesitas afinar detalles de un tema extenso.

En otras palabras, no son un sustituto para un estudio a fondo de un tema. Por ejemplo, si estás estudiando para un examen de filosofía, no sería una gran idea escribir preguntas que requieran respuestas completas. Por ejemplo "Describe la teoría del dualismo" o "explicar una debilidad fundamental del argumento antológico" son preguntas demasiado profundas para una tarjeta de estudio.

Escribir la respuesta correcta a estas preguntas al reverso de la tarjeta sería imposible. Incluso si pudieras resumir los puntos principales, te arriesgas a caer en la trampa de enseñarte a ti mismo que el concepto es mucho más sencillo de lo que es en realidad. Por supuesto, puedes usarlas para probar tu conocimiento sobre los años en los que se escribieron estos argumentos, o los nombres de las teorías.

Utiliza palabras e imágenes en tus tarjetas, porque esto las harás más efectivas. Esto es gracias al "efecto de la superioridad gráfica," un fenómeno psicológico que se relaciona con la manera en la que nuestros cerebros prestan atención a los estímulos. En resumen, hemos evolucionado para notar imágenes, no palabras.

· · ·

El lenguaje escrito ha existido por un tiempo relativamente corto dentro de la historia humana, mientras que siempre hemos tenido que responder al estímulo de nuestro ecosistema, de otra forma hubiéramos sido atacados por otros animales, o víctimas de desastres naturales.

Toma ventaja de esta tendencia humana y dibuja imágenes que hagan sentido para ti. **Usa diagramas, caricaturas, cuadros de flujo miniatura, o lo que sea que haga la información más memorable.**

Estas conexiones no tienen que ser lógicas para nadie más que tú. No importa si no eres un artista profesional. Mientras tú puedas entender la imagen y lo que representa, es suficiente.

Todos tenemos nuestras propias formas de ver el mundo y entender información completa.

Puede que no quieras hacer tarjetas de estudio porque son divertidas, pero una vez que empieces a pensar creativamente, puede sentirse satisfactorio haber hecho tu propio mazo de estudio.

Si te sientes frustrado por tus habilidades artísticas, siempre puedes imprimir imágenes o ilustraciones de internet. Sin embargo, esto puede poner a procrastinar.

· · ·

No te distraigas mucho con hacer tarjetas bonitas. Lo que haces con ellas es mucho más importante.

Cuando estés armando el mazo, asegúrate de que las preguntas sean apropiadamente difíciles. No crees un set de tarjetas que sean todas del mismo nivel de dificultad.

Solo porque el formato es simple, no significa que las preguntas no pueden ser un reto. Empieza escribiendo un par de preguntas directas que sean familiares, pero luego voluntariamente crea un par de tarjetas que evalúen t u conocimiento más profundo.

Cuando estés utilizando el mazo, di las respuestas en voz alta antes de revisar el reverso de la tarjeta.

Enunciar la respuesta te ayuda a comprometerte con una idea, y reduce la probabilidad de que intentes engañarte a ti mismo. Si estás trabajando solo y respondiendo las preguntas "en tu cabeza," se vuelve más fácil convencerte de que casi dijiste la respuesta correcta, y solo continuarás con la siguiente tarjeta.

Si es posible, pídele a alguien más que te evalúe.

. . .

Esto te fuerza a decir tu respuesta claramente, lo que significará que habrá menos lugar para autoengañarte.

¡Otras personas no intentarán convencerte de que tu respuesta es suficiente si te equivocas!

La mayoría de las personas escriben la pregunta de un lado, y luego la respuesta en el otro. Luego estudian las preguntas, intentan aprender las respuestas, y se evalúan a sí mismos al volver a hacer las preguntas. Esta es una buena estrategia, pero es mejor estudiar las respuestas.

¿Por qué? Si sabes la pregunta que acompaña la respuesta, puedes recordar información desde ambos ángulos.

Un último consejo que me gustaría darte es – siempre haz al menos dos copias de tus tarjetas. Es fácil dejarlas en la biblioteca, perderlas detrás de tu escritorio, o que sean víctimas de un café derramado. Si te estás preparando para un examen vital, no puedes costearte el tiempo de recrear tus tarjetas. Los diez minutos que te toma crear un respaldo es una buena inversión de tu tiempo.

Si sigues las reglas en este capítulo, tus tarjetas de estudio te ayudarán a aprender hechos y números rápidamente. Sin embargo, repasar una y otra vez tus tarjetas no es suficiente para consolidar tu aprendizaje.

¿Sabías que no sólo es lo que escribes en tus tarjetas lo que importa - también cómo y cuándo las usas lo que hace la diferencia? En el siguiente capítulo, descubrirás cómo puedes usar el principio de la repetición intermitente para aprender más rápido que antes.

10

Repetición Intermitente: cómo aprovechar todo el potencial de las tarjetas de estudio

AHORA QUE TIENES un set de tarjetas de estudio que funcionan para ti, ¿cómo puedes sacarles el mejor provecho? Ya conoces las bases, pero hay una técnica de estudio avanzada que acelerará tu aprendizaje aún más.

En este capítulo, te enseñaré a cómo aplicar el principio de la repetición intermitente en tus sesiones de estudio.

La mayoría de nosotros aceptamos que la repetición es la clave del aprendizaje. Como regla, entre más hagas algo, más propenso serás a recordarlo. El viejo cliché "la práctica hace al maestro" es un dicho común, y es por una buena razón.

. . .

Sin embargo, no existe una relación lineal entre el número de horas invertidas en aprender información y la probabilidad de recordarla con éxito más adelante.

En lugar de estudiar información consecutivamente, necesitas saber cuándo y cómo tomarte un descanso si quieres maximizar la probabilidad de recordar más adelante.

Esto significa que puedes pausar tu tiempo de estudio, y sacar el mejor provecho de las horas a tu disposición. Si repartes tu tiempo de estudio a lo largo de días, semanas, o incluso meses, puedes obtener más conocimiento.

Todos los psicólogos saben sobre el efecto intermitente. **En esencia, esta teoría explica cómo y por qué somos más propensos a aprender nuevo material si se nos presenta en sesiones cortas en un periodo relativamente largo de tiempo, en vez de un solo periodo de exposición continua.**

También referida como práctica distribuida, la repetición intermitente toma ventaja de la manera en que el cerebro humano aprende, y cómo está estructurado.

En la literatura psicológica, la exposición repetida en un espacio corto de tiempo es referida a "práctica en masa," mientras que las sesiones que están espaciadas es conocida como "práctica intermitente."

La práctica intermitente fue descubierta en los primeros inicios de la investigación psicología. El psicólogo alemán Hermann Ebbinghaus se embarcó en un programa de estudio para aprender y olvidar. Se retó a sí mismo a aprender palabras cortas y sin sentido. El leía estas palabras un número predeterminado de veces. Luego se evaluaba a sí mismo, durante periodos diferentes después de la primera exposición.

Su primer descubrimiento fue que, a través del tiempo, olvidamos la información que recibimos. Él se refirió a este fenómeno como la "curva del olvido," porque cuando graficó los resultados, los datos produjeron una curva hacia abajo. Ebbinghaus afirmó que algunas personas tienen una mayor capacidad retentiva que otras, pero la tendencia general era la misma – a no ser que se nos recuerde la información, la olvidamos rápidamente.

Específicamente, descubrió que la mayoría de nosotros habremos olvidado la mitad de lo que hemos aprendido después de tres semanas de la exposición inicial.

También descubrió que más repeticiones no significan mejor retención. **Descubrió que leer un conjunto de**

información un total de 38 veces era igual de efectivo que leerla 38 veces, si las 38 repeticiones son espaciadas en tres días. En periodos cortos de tiempo, la práctica en masa ofrece una ventaja cuando se trata de retención. Por otro lado, la práctica espaciada promueve significativamente la retención a largo plazo.

Entonces, ¿por qué funciona tan bien la práctica espaciada? La explicación más común es que, cuando repites una pieza de información, te estás recordando que ocurrió antes. Esto fuerza a tu cerebro a recolectar la información. Para que este efecto suceda, tienes que dejar una brecha entre tus sesiones de estudio. Durante este periodo, tu cerebro establece caminos neurales que fortalecen estas memorias.

La práctica en masa significa que te pierdes de esta oportunidad, porque no tienes tiempo de olvidar la información. **Puede parecer contraproducente, ¡pero tienes que olvidar cosas para incrementar tus oportunidades de recordarlas más tarde!**

La teoría del "procesamiento deficiente" ofrece una explicación un tanto distinta.

Esta afirma que cuando expones a tu cerebro al mismo fragmento de información una y otra vez dentro de un periodo corto de tiempo, registra el estímulo en las primeras ocasiones, pero luego "se apaga" como si se diera cuenta que no le estás dando nueva información.

Si piensas con detenimiento, rutinariamente bloqueamos información irrelevante en nuestra vida diaria, incluyendo cosas que ya hemos visto u oído. Por ejemplo, si te das cuenta del sonido de una fuente en el parque cuando estás caminando, el poco probable que sigas concentrado en él una vez que hayas registrado la fuente del sonido.

Nuestros cerebros han evolucionado para filtrar "ruido" redundante, ¡y es una tendencia que no puedes desactivar voluntariamente! Tu cerebro automáticamente asume que las repeticiones, o "copias," de información son inútiles y pueden ser ignoradas. Por ende, tiene sentido que la práctica en masa solo funcione limitadamente.

Necesitas darle a tu cerebro un poco de tiempo y espacio para que pueda ser estimulado por otra sesión de práctica.

Ahora, apliquemos este estudio a las tarjetas de estudio.

Empieza por conseguir un par de cajas pequeñas.

.   .   .

Etiqueta estas cajas con "Diario", "de vez en cuando," y "cada dos días." El primer día, pon todas tus tarjetas en la caja de "diario". Repasa cada tarjeta. Cuando aciertes la respuesta, colócala en la siguiente caja.

Todos los días, utiliza las etiquetas de las cajas para organizar tus periodos de practica espaciada. Si en algún punto fallas la respuesta, debes ponerla de regreso en el principio, por ejemplo, en la pila de "diario". Necesitarás considerar tu situación personal cuando decidas cómo etiquetar tus cajas.

Este consejo asume que estás estudiando para un examen a corto plazo, un par de días quizá. Si tu prueba es aún más lejana, entonces tendrás que modificar el sistema para que las sesiones sean más espaciadas.

En resumen, aunque quedarse toda la noche estudiando para un examen puede ayudarte a recordar información, necesitas tener un ritmo si realmente quieres entender el material. Esto significa que tendrás que armar un calendario de estudio antes de tus exámenes.

Este sistema no permite el autoengaño. Es un proceso binario – si fallas en la pregunta, regresa al inicio, sin excepciones. Te permite relajarte sabiendo que estás prestando atención a las cartas que consideras más difíciles. **Si**

tiendes a retrasar el material más difícil durante una sesión de estudio, este sistema te asegura no caer en la tentación.

Puedes combinar esta técnica con cualquier otro método de estudio, como las tarjetas de estudio o exámenes de prueba. Sin embargo, los investigadores en esta área han descubierto que la práctica espaciada funciona mejor cuando se combina con exámenes que se adhieran a la cantidad de contenido que el estudiante ha aprendido hasta ahora.

Esto significa que aplicar exámenes de prueba a preguntas basadas en tus tarjetas de estudios, en vez de tomar y leer tus notas, es la mejor manera de promover la retención a largo plazo cuando se combina con la práctica espaciada.

Sin embargo, también existe una gran variedad de "intervenciones de aprendizaje", y algunas personas creen que es muy efectivo para acelerar el proceso de aprendizaje.

En el siguiente capítulo, estudiaremos un método popular que te ayuda a mejorar tu concentración y retención de memoria, ¡sin esfuerzo!

11

Música, sonidos binaurales, y aprendizaje

Si ALGUNA VEZ has usado el internet para investigar sobre la ciencia del aprendizaje, seguramente te habrás topado con anuncios sobre sonidos binaurales, y otro tipo de grabaciones que supuestamente te ayudan a mejorar la concentración y capacidad de aprendizaje. Pero ¿estas afirmaciones son confiables? ¿Ha logrado probar la ciencia que ciertos tipos de sonido pueden ayudar al proceso de aprendizaje?

En este capítulo, estudiaremos el argumento detrás de estos productos, y consideraremos si realmente juegan un rol en el apoyo al aprendizaje y retención. Si alguna vez te has preguntado si la música regular – por ejemplo, las canciones pop – pueden acelerar tu aprendizaje, te gustará saber que esa pregunta será respondida en esta sección más adelante.

. . .

Para empezar, consideremos los sonidos binaurales. Una investigación rápida en línea te mostrará muchos videos que aparentemente emiten un ritmo que enfoca al cerebro. Así que ¿qué son estos "sonidos"? Un sonido binaural consiste en dos tonos diferentes, en dos frecuencias distintas. Cada tono se alimenta en los oídos del individuo. Sin embargo, el cerebro procesa esta entrada de una manera en la que el individuo percibe un ritmo fijo. **En esencia, estos sonidos son realmente una ilusión auditiva creada por el cerebro.**

Aquellos que abogan por el poder de los sonidos binaurales afirman que funcionan al hacer cambios inmedibles en la fisiología del cerebro. Nuestro cerebro constantemente se encuentra mandando señales eléctricas entre las neuronas. Los patrones específicos de actividad eléctrica son llamados "ondas cerebrales."

Si pusieras electrodos en el cuero cabelludo de alguien y los conectaras a un electroencefalograma (máquina de EEG), verías que las salidas eléctricas del cerebro parecen ondas. Los fisiólogos y psicólogos han descubierto que las ondas cerebrales no sólo se forman en un rango de patrones característicos, sino que ciertos patrones están asociados con diferentes estados mentales.

Por ejemplo, las "ondas delta" son ondas suaves que ocurren cuando un individuo se encuentra en un sueño profundo.

Otros patrones, incluidas las ondas alfa y beta, ocurren a una frecuencia mucho más alta y son vistas en individuos que están despiertos y alertas a los estímulos de su ambiente.

En teoría, debería ser posible inducir un estado particular de conciencia al manipular la velocidad y frecuencia de las ondas cerebrales de una persona. Las primeras personas que reportaron este fenómeno fueron los científicos de Cambridge Adrian y Matthews.

Pero ¿qué sucede entonces con los estímulos auditivos? En otras palabras, ¿puede la frecuencia de sonido tener un efecto tangible en las ondas cerebrales de una persona? El concepto de ajustar las ondas cerebrales y el estado cognitivo usando el sonido se le conoce como "manejo auditivo". En 2008 se llevaron a cabo 20 estudios sobre la aplicación de sonidos binaurales en diferentes contextos.

Concluyeron que intervenciones de este tipo pueden ayudar a las personas a sentirse más relajadas y menos estresadas (y, por ende, más concentrada).

Los resultados de los estudios que se incluyeron en el resumen demostraron que los sonidos binaurales pueden influenciar las medidas cognitivas, incluida la atención.

· · ·

Sin embargo, los estudios tuvieron una calidad inconsistente, y los autores del estudio sugirieron que el tema debía ser investigado más a fondo. Además, algunos de los estudios mencionaron no apoyar la noción de que los sonidos binaurales tengan un efecto significativo en el estado de ánimo o la cognición.

Desde que el estudio fue publicado, muchos otros han sido llevados a cabo. **Aunque aún no sabemos cómo el cerebro se "sincroniza" precisamente con los estímulos externos, algunos han recaudado evidencia sólida de que los sonidos de alta frecuencia mejoran la concentración y sentimientos de alerta, mientras que los de menos frecuencia inducen sensaciones de calma y relajación.**

El éxito de una intervención depende de la frecuencia del sonido, y los científicos aún intentan establecer la frecuencia exacta que obtendrá los mejores resultados en situaciones específicas.

¿Qué podemos concluir? Por ahora, no hay suficientes investigaciones para probar o refutar la idea de que los sonidos binaurales pueden hacer una diferencia significativa en la concentración de una persona, y por ende, en su habilidad de aprendizaje. Sin embargo, dado que hay muchos videos disponibles en línea, te recomendaría probarlos por ti mismo y decidir si funciona o no.

. . .

Ten en mente que muchas personas consideran los sonidos binaurales efectivos como efecto placebo – me refiero a que creen que los sonidos les ayudarán a aprender, y esto se convierte en una profecía cumplida por ti mismo. **Esto no significa que los resultados son menos valiosos para aquellos que disfrutan de usar estas herramientas.**

¿Qué pasa con escuchar música regular? ¿Es un buen apoyo de estudio, o solo un obstáculo? Las personas aparentemente se dividen en dos distintos campos cuando se menciona esta pregunta. Varios de mis compañeros de universidad juraban que aprendían más cuando su canción favorita sonaba de fondo, mientras que otros mencionaban que las letras de ellas eran una distracción.

Algunos de nosotros solo podemos estudiar en silencio absoluto.

La mayoría de las veces, aprecio el silencio cuando estoy intentando adentrarme en un nuevo concepto. Sin embargo, el silencio puede volverte un poco loco. Si no estás acostumbrado a pasar tiempo en un ambiente silencioso, tu cerebro empezará a concentrarte en lo que sea que pueda escuchar.

. . .

Los científicos aún tienen que llegar a una conclusión común con respecto al efecto de la música en la concentración. Esto es porque existen demasiados factores a considerar, incluyendo el tipo de música, la edad del estudiante, sus hábitos de estudio, y su familiaridad con la canción.

Aunque los psicólogos no han obtenido un veredicto definitivo, creen que cuando un estudiante requiere usar partes de su cerebro que son responsables de interpretar la música en otras tareas, su desempeño se verá afectado.

Si tu cerebro está intentando descifrar sonidos complejos, esto interferirá con tu habilidad para analizar conceptos complicados, esto es por lo que la mayoría de las personas tienen dificultad para concentrarse en nuevas ideas si pueden escuchar las letras de la canción en el fondo.

Así que ¿Qué lección nos deja esta discusión?

Básicamente, aunque hay ciertas reglas clave que se aplican a la mayoría de las personas cuando se trata de estudiar con música, todos somos individuos y debemos encontrar lo que funciona para nosotros.

· · ·

Las investigaciones sugieren que la mayoría de nosotros deberíamos evitar la música con letras cuando realizamos tareas complejas, ¡pero esto no significa que a algunas personas no les será de ayuda! Es más importante que seas honesto contigo mismo sobre el efecto de la música en tu desempeño.

Si tu concentración se está degradando por ella, aplica tu autodisciplina y apágala. Ya que escuchar música no requiere ningún esfuerzo activo o movimiento, es fácil engañarte y pensar que no te estás distrayendo en lo absoluto. No te mientas y reduzcas tu tiempo de estudio de calidad. Aprende cómo funciona tu cerebro, y prepárate para experimentar con nuevas formas de trabajar de ser necesario.

En el siguiente capítulo, abordaremos las distracciones desde otro ángulo.

Descubrirás porque tu atención puede divagar cuando intentas estudiar, y cómo puedes mantenerte concentrado, disciplinado, e inmune a la procrastinación.

12

Cómo vencer la procrastinación y ponerte a trabajar

MUCHOS DE NOSOTROS no tenemos idea de nuestra mejor forma de aprender, y no es hasta que nos topamos con técnicas que nos funcionan que empezamos a desarrollar nuestro potencial. Sin embargo, yo argumento que no es la falta de conocimiento lo que entorpece a las personas en su desarrollo de habilidades y mejora de su capacidad de aprendizaje.

Creo que uno de los problemas más grandes que los aprendices afrontan es uno que todos nos hemos topado alguna vez. Puede ser difícil de identificar, difícil de superar, y puede arruinar la carrera más prometedora. ¿Cuál es el nombre de este problema? Procrastinación. **A no ser que domines el arte de ponerte a trabajar incluso cuando no tienes ganas, ninguna cantidad de técnicas de aprendizaje acelerado podrá ayudarte.**

Tratar de hacer progreso usando las otras técnicas mencionadas en este libro mientras que permites a tus problemas de procrastinación no ser resuelto es como intentar aplicar pintura a una pared desgastada. Necesitas tener una buena base si quieres disfrutar de un gran acabado. Después de todo, si no puedes sentarte y concentrarte ¡no llegarás muy lejos?

En este capítulo, te daré un conjunto de técnicas que han sido comprobadas y sobrecargarán tu atención y condensarán el tiempo que te tomará aprender nueva información. Estos principios aplican a todos los aprendices, independientemente de lo que estén buscando dominar.

A veces, los remedios más simples son los mejores. Antes de que empieces a probar técnicas especiales de anti procrastinación asegúrate de que estás seguro de lo que quieres lograr. Si no sabes a donde quieres llegar, o cómo saber si has sido exitoso, te sentirás abrumado. Realmente estarás renuente a empezar.

En mi primer trabajo, por poco fallé en entregar grandes proyectos a tiempo porque utilicé el enfoque "avestruz".

Me imaginaba que la tarea era más difícil de lo que era en realidad.

. . .

En un par de ocasiones, casi me reproché al darme cuenta cuánto más progreso pude haber logrado si hubiera sido lo suficientemente valiente para sentarme y hacer lo que tenía que hacer. Nos concentramos en los peores escenarios demasiadas veces y nos tornamos ansiosos sin razón.

Míralo de esta manera – si descubres que el proyecto o meta es mucho más manejable de lo que pensabas o temías, puedes empezar inmediatamente, con la seguridad de que serás capaz de hacerlo.

Si de la manera contraria, empiezas una tarea, y tus peores miedos son confirmados y realmente no encuentras la manera de terminar todo el trabajo, al menos estás en una posición para poder hacer algo al respecto. Por ejemplo, asumamos que tienes que memorizar 100 frases especializadas de terminología antes de un examen.

Sientes que la tarea es abrumadora, así que procrastinas.

Si la situación es mucho peor de lo que pensabas, puedes dedicar tu tiempo y energía en generar estrategias que te puedan ayudar a absorber la mayor cantidad de información posible, o expandir tus horas de estudio al cancelar otros compromisos.

. . .

Asumiendo que sabes lo que hacer, la siguiente estrategia es intentar la regla de 5 minutos. Esta está basada en el principio de que no importa lo aburrida o difícil que sea una tarea, probablemente serás capaz de tolerarla por 5 minutos. Prométete que, si te sigues sintiendo de la misma manera después de intentarlo por 5 minutos, entonces puedes parar.

La mayoría del tiempo, te darás cuenta de que dentro de 5 minutos te habrás involucrado con la tarea, o habrás identificado una gran barrera que no serás capaz de superar sin apoyo externo.

De cualquier manera, habrás tomado un paso hacia adelante.

Si la regla de los cinco minutos te ayuda, prueba variaciones de esta técnica que de alientes a trabajar por periodos más largos de tiempo. Empieza por 10 minutos, luego 15, y continúa así.

La técnica Pomodoro, como se le conoce, es un gran método para usar cuando tienes una terrorífica tarea por delante y necesitas tener un progreso rápido. Es popular en los grupos de autoayuda por una muy buena razón - ¡funciona!

Todo lo que necesitas hacer es tener un papel y una pluma. Pon el cronómetro en 25 minutos y empieza a trabajar. Al final de cada periodo toma un descanso de 5 minutos. Continua hasta que hayas completado 4 periodos Pomodoro, luego descansa por 20-30 minutos.

La técnica de Pomodoro también es útil si estás estudiando con alguien más, porque los alienta a mantenerse en el camino correcto. Cuando trabajas con un compañero o colega, puede ser tentador detenerse y platicar en lugar de trabajar. **Si acuerdan permanecer en silencio durante cada periodo Pomodoro y guardar los comentarios y preguntas para un descanso planeado, ambos se mantendrán productivos.**

Además de mala organización de tiempo y la renuencia a enfrentarte con una tarea difícil, otra causa común para la procrastinación es el resentimiento.

Incluso cuando sabes que aprender es esencial para tu progreso académico, o incluso para asegurar un aumento, puede que te sientas irritado. Sabes que afuera de tu ventana – o incluso con dar un par de clics – hay un mundo de cosas más interesantes para ver y hacer. Como seres humanos, queremos hacer más de lo que disfrutamos, y menos de lo que nos frustra o aburre. Eso es completamente natural.

· · ·

Adicionalmente, tendemos a concentrarnos en lo que queremos de inmediato más fácilmente, contrario a ver hacia el futuro y predecir las consecuencias de nuestras acciones. No hay nada que puedas hacer para cambiar las leyes básicas de la psicología humana, pero puedes hacerla trabajar a tu favor.

No debes sentirte culpable por querer divertirte. De hecho, la investigación de Douglas Barton sugiere que los mejores estudiantes siempre tienen tiempo para divertirse cuando hacen sus calendarios de estudio.

Estos estudiantes no se convencen de que estudiarán 24/7, sin lugar para descansar. **Contrario a la creencia popular, las personas que consiguen las calificaciones más altas no viven en sus cuartos o pasan cada noche en la biblioteca.**

El mismo principio aplica para los emprendedores más exitosos y sus horarios de trabajo. Saben que incluso las personas más motivadas y altamente concentradas en el mundo necesitan vidas balanceadas para tener el mejor desempeño.

Si no mezclas un poco de placer en tu día, tu vida se encogerá y no habrá nada más que trabajo. Odiarás tu estudio, lo que es contraproducente. **Agenda algunas activi-**

dades entretenidas cada día. Cada vez que te sientes a aprender, deberás de saber exactamente cuándo será tu próxima actividad divertida.

Además, agendar una actividad divertida te ayudará a ser víctima de distracciones a corto plazo como mirar tus redes sociales. Cuando sabes que tienes algo significativo a lo cual anticiparte, te sentirás más animado a dedicar tu atención a tu tarea actual.

Otras personas disfrutan de volver su aprendizaje un juego. Solo porque un tema es serio no significa que no te puedes divertir con él. Ponte retos, y ten recompensas a mano cuando los completes.

La procrastinación es un patrón de comportamiento que se vuelve más difícil de escapar entre más lo repitas.

Una de las reglas fundamentales de la psicología humana es que nos entrenamos a realizar los mismos comportamientos una y otra vez. Entre más procrastines, más propenso serás a repetirlo en el futuro.

Si esto te suena similar, necesitas romper el hábito como lo harías con cualquier otro – entrenandote a actuar diferente, y tolerar la incomodidad que obtendrás como resultado.

. . .

Rompe las conexiones que hayas construido entre tu lugar de estudio usual y la procrastinación al cambiar la ubicación de tu trabajo. Esto prevendrá que entres en ese modo cada vez que te sientes.

Si no puedes concentrarte, incluso después de probar las estrategias mencionadas, examina tu estilo de vida y rutina diaria. La fatiga reducirá tu concentración, así que intenta dormir un poco más por noche si tu cerebro se ha tornado en papilla. Comer alimentos poco sanos llenos de azúcar o saltarte comidas puede resultar en picos de azúcar en la sangre que pueden afectar tu habilidad cognitiva.

Todos tenemos nuestras preferencias individuales cuando se trata de aprender, y también para las técnicas de procrastinación, lo que funciona para alguien puede no hacer nada por ti. ¿Qué puede explicar estas diferencias?

Los psicólogos no están seguros, pero varias teorías han surgido para intentar explicar esta variación. En el siguiente capítulo, evaluaremos otra técnica que es extrañamente popular y al mismo tiempo poco utilizada por los aprendices contemporáneos.

13

Sistemas mnemotécnicos
poderosos que funcionan

Es un hecho inescapable que cierta información es más fácil de recordar que otras. ¡La cruel ironía es que las cosas que queremos recordar son usualmente más difíciles de retener que aquellas que queremos dejar de recordar!

La mayoría de nosotros nos hemos sentado durante una junta o un examen importante sin ser capaces de recortar puntos clave y relevantes a las preguntas o tema de discusión, pero al mismo tiempo sí podemos recordar las letras de una canción popular.

En este capítulo, aprenderás un grupo de técnicas que te ayudarán a ligar información que es sencilla para recordar con hechos complejos que son más difíciles de retener.

. . .

Cuando utilizas una palabra, frase, imagen, acrónimo, o sonido que te ayuda a recordar algo más, estás utilizando un recurso mnemotécnico. Un ejemplo popular es el usado para recordar los planetas del sistema solar - *Mi Vieja Tía María Jamás Supo Usar Números, cada inicial denota un planeta*, Mercurio, Venus, Tierra, Marte, Júpiter, Saturno, Urano, Neptuno. Si Plutón fuera considerado un planeta de nuevo, podrías agregar Pares al final. Ahora te das una idea de cómo funciona esto.

Este es ejemplo de un acróstico, porque cada palabra en la frase mnemotécnica representa la primera letra de las palabras que quieres recordar. No todas las frases deletrean la información tan literalmente.

Los acrónimos son otro tipo común de recurso mnemotécnico. Por ejemplo, cuando llevé economía básica en la universidad aprendimos a calcular el interés de la siguiente manera: Interés = Capital x cRédito x Tiempo. CRT = CARRETE. Puede que tengas que modificar las palabras de un texto para hacerlo encajar en la mnemotecnia, eso está bien, siempre y cuando tenga un significado subyacente y relevante para ti.

Son útiles si necesitas aprender términos técnicos, o los nombres de los diferentes componentes de una teoría.

. . .

Si puedes organizar las palabras de tal manera que resulten en un acrónimo que se relacione un poco con el tema, mucho mejor, ya que esto lo volverá más memorable. También puedes usar información como un número específico de letras. Por ejemplo, las 4Ps de la mezcla de mercadotecnia que utilizan los estudiantes de negocios - Producto, Precio, Plaza, y Promoción.

Las canciones son otro excelente recurso mnemotécnico. Se ha comprobado que ayudan a la retención a largo plazo. Las grandes corporaciones saben esto, y toman ventaja de ello cuando promocionan sus productos.

¿Cuántas veces no has podido sacar de tu cabeza la canción de un comercial?

Cuando recibes nueva información acompañada de un tono pegadizo, es más probable que entre a tu memoria a largo plazo. No necesitas ser músico para lograr esto.

Puedes inventar una nueva letra para una canción existente, o buscar en línea algunas canciones que las personas han inventado para ayudar al estudio. Si prefieres las historias, ¿por qué no crear una historia que utilice los términos que quieres aprender?

. . .

Inventa una narrativa que incluya cada palabra de forma que te haga sentido.

Las mnemotecnias no funcionan para todos. Me he topado con personas que me han dicho que requieren demasiado tiempo y esfuerzo. Sin embargo, me he dado cuenta de que el tipo de material que estás estudiando juega un gran rol en qué tan efectivas son las mnemotecnias. Puede que los estudiantes de filosofía no lo encuentren muy útil, porque su tema principal requiere una apreciación más grande de las relaciones entre ideas abstractas, mientras que la medicina se concentra principalmente en hechos y el conocimiento profundo de la terminología.

Añadir un poco de humo – incluso si es un poco negro – a tus recursos mnemotécnicos los hará más efectivos.

Algunas personas abogan por el método "peg word", que también usa ideas sencillas como apoyo de retención.

Cuando la estudies por primera vez, puede parecer un poco compleja. Sin embargo, estudios sugieren que es una técnica efectiva que te puede ayudar a recordar artículos en una lista.

Esta técnica se conforma de dos etapas:

. . .

Primero, tienes que hacer una lista de diez pares de combinaciones de un número y su rima. Por ejemplo, Uno es Neptuno, Dos es el arroz, Tres es una res, cuatro es un zapato, cinco es dar un brinco, seis como Moisés, siete es un juanete, ocho como bizcocho, nueve es la nieve, diez es el jerez" Los sistemas peg usualmente no contienen más de diez pegs, por la simple razón que pocas palabras riman con números más altos. Una vez que hayas dominado estas rimas básicas, tienes acceso a diez "pegs." Cuando pienses en "uno," automáticamente debes pensar en el planeta Neptuno, y así consecutivamente.

El siguiente paso es combinar cada peg con el artículo que debes de aprender, para que puedas tener un apoyo visual más memorable. Por ejemplo, asumamos que necesitas recordar una lista de elementos, empezando por el helio, neón, y calcio. Para ligar tu primer artículo. Siguiendo con el ejemplo, podrías imaginar Neptuno como un globo de helio, o imaginar que los Neptunianos hablan con una voz muy aguda. Continuarás encontrando correlación.

Aunque algunos de estos métodos pueden sonar raros o inútiles, las investigaciones sugieren que pueden sernos de ayuda. Así que, ¿Cómo nos ayudan las mnemotecnias a incrementar el aprendizaje y memoria? La razón principal es que te permiten concentrarte en recordar una sola pieza de información en lugar de una lista larga de hechos. Las mnemotecnias hacen el estudio más divertido, por ende, incrementan tu motivación y disfrute.

Sin embargo, no son varitas mágicas. No es suficiente crear una mnemotecnia y esperar que tu cerebro la recuerde durante un examen. Necesitarás practicarla durante tus sesiones de estudio, y deberás evaluarte para asegurar que recuerdes la mnemotecnia y el contenido que representa.

También es importante notar que puedes hartarte de las mnemotecnias si intentas recordar todo lo que debes estudiar en frases, acrónimos, o acrósticos. Guarda las mnemotecnias para piezas específicas de información que son difíciles de recordar por ti mismo. Deben complementar tus técnicas de aprendizaje usuales, no ser un reemplazo.

El método de loci

Hemos aprendido diferentes técnicas que pueden ayudarte a ingresar información a tu memoria usando las mnemotecnias. Sin embargo, he dedicado una sección especial al enfoque más popular y antiguo de las mnemotecnias – El método de loci.

Historiadores y psicólogos creen que las personas han usado el método de loci por miles de años. La palabra "loci" es latín para "locaciones" o "lugares", una referencia al rol jugado por lugares reales o imaginarios en ayudar a recordar pedazos de información para quien usa esta técnica. A veces es conocido como "el método del viaje" o "el método del palacio mental".

Nadie sabe quién fue la primera persona en escribir sobre el método de loci. El registro más temprano de ello se encuentra en un texto titulado "Rhetorica ad Herennium", el cual fue escrito en el año 80 A.C. Sin embargo, sabemos que otros individuos lo han adoptado. El político romano Cicero usó el método de loci, y se lo recomendó a aquellos que querían volverse oradores poderosos.

Tiene muchas aplicaciones. Puedes usar el método para recordar cosas de memoria. Sin embargo, también puedes usarlo para su propósito original – estructurar un discurso y realizarlo sin el apoyo de notas o presentaciones.

Esto siempre impresiona a la audiencia, esto implica que tienes conocimiento del material y no necesitas indicaciones externas. Incluso puedes usarla en tu vida personal.

El método de loci depende de hacer asociaciones entre lugares (loci) e ideas. **Primero tienes que definir una ruta imaginaria.** Tomate un momento para escogerla.

. . .

Cierra tus ojos e imagina que estás haciendo el recorrido o viaje en este momento, en tiempo real. ¿Qué monumentos ves en tu camino? La palabra "monumentos" usualmente se usa para denominar lugares especiales o de interés, pero también puede incluir lugares comunes, tales como la tienda de abarrotes o una intersección con semáforos.

Haz una lista de estos monumentos. No importa qué tan lejos estén el uno del otro. Mientras sean distintos, y sepas en qué orden aparecen durante el recorrido de tu viaje, debes incluirlos en tu ruta.

Si tienes dificultad para visualizar tu camino, presta especial atención la próxima vez que lo tomes. A veces, entramos en piloto automático e ignoramos nuestros alrededores.

Toma la decisión consciente de prestar atención en el futuro. Dentro de un par de días, serás capaz de acceder al recuerdo de cómo se siente moverse a través de la ruta.

Es mejor memorizar dos rutas que puedas usar – una dentro de tu casa, y una fuera de ella. Ambas deben ofrecerte la mayor cantidad posible de monumentos. Es importante que "visites" los monumentos en el mismo orden cada vez que practiques la ruta en tu cabeza.

. . .

El siguiente paso es conectar cada pedazo de información que necesitas recordar a un monumento a lo largo de tu ruta mental, tomando en consideración el orden en el que necesitas o quieres recordarla. A veces, el orden no importará – por ejemplo, si estás aprendiendo una lista de artículos, el orden probablemente es irrelevante - pero si estás tratando de memorizar un modelo o secuencia de eventos, asegúrate de tomar esto en cuenta cuando establezcas tus monumentos.

Finalmente, necesitas practicar recorrer los alrededores de tu casa o la ruta hasta que puedes "ver" instantáneamente las imágenes que detonarán piezas de información.

A diferencia de muchos otros recursos mnemotécnicos, el método de loci no tiene un límite para la cantidad de información que puedes recordar. Los acrónimos sólo pueden utilizarse por cierta cantidad de tiempo antes de que sean difíciles de recordar, y los sistemas peg típicamente solo acomodan diez palabras a la vez.

Sin embargo, el número de artículos que puedes recordar usando el método de loci está limitado sólo por la cantidad de lugares que puedes recordar al mismo tiempo. Si basas tu camino imaginario en una ruta que tomar regularmente, potencialmente tendrás una docena de monumentos para disponer. **Ten en cuenta que no tienes que visualizar**

recorrer la ruta entera – si normalmente usas el tren, bus, o carro, puedes incorporar esos también.

Hay una gran cantidad de evidencia científica que respalda los principios básicos detrás de este método. Los psicólogos han enfatizado el poder de la imaginación.

Cuando entras en un nuevo lugar, especialmente si estás ahí para un evento significativo como una entrevista de trabajo o una fiesta importante, te vas de ahí con una gran cantidad de memorias.

Los investigadores han demostrado que nuestra habilidad para diferenciar entre imágenes que hemos visto antes y objetos nuevos exceden por mucho lo que nosotros creemos posible. Increíblemente, la persona promedio puede ser expuesta a miles de imágenes dentro de un espacio relativo de tiempo, y aún ser capaz de distinguir entre aquellas que han visto y las que no durante un examen de memoria.

Puedes volver el método de loci aún más efectivo al incorporar humor y paisajes bizarros. Sin embargo, hay una línea delgada entre usar paisajes extraños para volver una idea más memorable, y sobrecargar tu memoria con imágenes poco ordinarias que no tengan sentido. **Las imágenes que son demasiado falsas y surreales en realidad**

son más difíciles de recordar. Necesitas usar los que los psicólogos llaman "conceptos contraintuitivos minimalistas" o CCMs, cuando armes tu ruta.

En resumen, la teoría de los CCMs afirma que cuando un objeto o idea viola solo una o dos de nuestras expectativas diarias, se vuelve bastante difícil de olvidar. Así que ¿Qué significa esto para ti? **Mantén tus paisajes sorprendentes pero sencillos.**

El método de loci utiliza el principio de gatillos basados en lugares para aumentar la memoria – te topas con un monumento mental y la imagen extra que has añadido, y tu cerebro recupera la información relevante.

Contexto y señales ambientales

Si alguna vez has regresado a un lugar de tu niñez y has descubierto que puedes recordar más memorias de las que esperabas, has experimentado una memoria dependiente del contexto (EC, por sus siglas en inglés).

Muchas de nuestras memorias están adheridas a señales contextuales de nuestros alrededores – tenemos problemas al intentar recordarlas si no están presentes. ¿Alguna vez te has topado con alguno de tus profesores o compañeros de trabajo en el supermercado o gimnasio, pero no fuiste capaz de reconocerlo? Esto no es una señal de una memoria errática.

En realidad, es una señal de que has aprendido sobre tu apariencia en un contexto (el colegio o tu lugar de trabajo), y tu cerebro tiene problemas para posicionar esta misma información cuando la señal (la cara de la persona) es presentada en un nuevo ambiente.

Una característica principal de una memoria EC es que sucede inconscientemente.

Hemos evolucionado para detectar señales ambientales sutiles, y codificarlas para usarlas más adelante. Pasar un tiempo prolongado en un ambiente específico te permite recolectar una gran cantidad de señales, que se detonan mutuamente cuando vuelves a experimentar estar en ese ambiente de nuevo. Por esto, regresar a tu ciudad natal funcionará como detonante para una gran cantidad de memorias de la niñez.

Todos tenemos la habilidad de visualizar. Si no tuvieras esta habilidad, ¡no serías capaz de reconocer tu abrigo, la puerta de tu casa, o a tu mejor amigo! Créeme cuando te digo que definitivamente puedes aprender a fabricar una imagen mental de una biblioteca, tu habitación, o cualquier otro lugar donde hayas pasado cierto tiempo preparándote para tu examen.

Si aún estás incrédulo, considera cómo este principio funciona en situaciones diarias. Cuando a un testigo de un crimen se le pide que describa lo que vieron o escucharon, con frecuencia se les pide que "visualicen" el evento en cuestión. Esto funciona como un detonante de la memoria.

Sus señales generadas internamente ocasionan que vuelvan a vivir la experiencia de nuevo, y esto puede ayudarles a recordar más información. En la psicología clínica, este concepto también explica porqué las personas con Desorden de Estrés Post-Traumático (DEPT o PTSD por sus siglas en inglés) padecen recuerdos, pensamientos intrusivos, y ataques de pánico cuando se topan con detonantes o gatillos relevantes a su trauma.

Hasta ahora, hemos repasado señales ambientales comunes, como un lugar tangible y ruido de fondo. Sin embargo, las esencias también son útiles durante el estudio. Tomate un momento para pensar en los olores que tienen un significado especial para ti. Por ejemplo, el olor de galletas recién horneadas puede recordarte a cuando visitabas a tu abuela en tu niñez, mientras que el olor de cierta colonia puede recordarte a tu padre.

• • •

Puedes usar el poder de las fragancias para detonar memorias en una situación de examen. **Un estudio publicado en el Diario Americano de Psicología demostró que las señales de olor ayudan a los estudiantes a recordar listas de información.**

Esto significa que si hueles un olor mientras aprendes un pedazo de información, volver a exponerte a ese olor cuando intentes recordar puede mejorar tu desempeño. Para intentar esto por ti mismo, compra una nueva fragancia corporal o perfume.

Colócalo en ti justo antes de estudiar un tema que necesitas recordar en el futuro. Toma un baño después de ello para que tu cerebro aprenda a asociar un conocimiento específico con ese olor. Cuando estudies el material de nuevo, o necesites recordarlo durante un examen, aplica de nuevo la esencia.

Este truco no sustituye a otras técnicas de aprendizaje rigurosas, pero está respaldado por investigaciones y no te afectará en lo absoluto. Si no quieres usar un desodorante o perfume, los aceites esenciales también son una opción. Realiza el mismo procedimiento aplicando un par de gotas a tu muñeca antes de empezar a estudiar.

. . .

Hay una explicación neurológica simple para este efecto del olor. El bulbo olfatorio, que es responsable de pasar información sobre los olores que percibes a tu cerebro, está conectado con partes del sistema límbico asociadas con las emociones fuertes. Por ello es que inhalar una pequeña cantidad de un olor que tenga un significado especial es suficiente para detonar memorias poderosas.

El olor tiene un lugar especial en el corazón de los investigadores de la memoria, porque los estudios han demostrado que es un detonante aún más efectivo que el color, sonido, y otras señales contextuales. La memoria es un fenómeno difícil de medir, porque todos lo experimentamos de manera distinta. Es difícil controlar cada variable de contexto en condiciones de laboratorio.

Por ende, la conclusión más exacta que podemos obtener de la investigación es que, aunque en contracto puede ayudarte a aprender material en ciertas situaciones, tu competencia en varias técnicas de estudio es más importante. En el siguiente capítulo, veremos un método de estudio eficiente que no tiene el reconocimiento que merece aun cuando tiene la capacidad de duplicar nuestro desempeño en los exámenes.

14

Práctica Intercalada - Cómo pulir tus habilidades rápidamente

EL APRENDIZAJE acelerado es sobre aprovechar tu tiempo lo mejor posible. Necesitas afinar las habilidades que te ayudan a absorber información rápidamente, ya consolidar nuevo conocimiento en horas o días en lugar de meses o años. Es importante entender no solo lo que tienes que hacer, sino que también en el orden en el que necesitas hacerlo.

En este capítulo, te enseñaré porqué la mayoría de nosotros tendemos a trabajar en nuestras tareas en un orden en particular, y por qué este enfoque puede no ser el mejor uso de nuestro tiempo.

La mayoría de nosotros recibimos nuestra educación en bloques.

Por ejemplo, digamos que estás tomando una clase de estadística. En la primera clase, estudiarás pruebas T. En la siguiente clase, puede que estudies cómo calcular el coeficiente de correlación, etc.

Desde nuestros primeros días de clase, nos han dicho que la mejor manera de aprender un tema es desglosarlo en pedazos pequeños y luego estudiarlos uno a la vez.

Hay otra manera de practicar tus habilidades – la práctica intercalada. Para continuar con el ejemplo anterior, puede que respondas un par de preguntas sobre las pruebas T después de haber tenido una cátedra de pruebas T, preguntas sobre correlación después de haber tenido una clase sobre el tema, y así consecutivamente.

Esto es un ejemplo de práctica por bloques.

Sin embargo, ¿qué pasaría si trabajaras con una mezcla de preguntas dentro de un rango de temas estadísticos entre cada clase? Este enfoque es conocido como la práctica intercalada. Las habilidades no se practican aisladamente. Literalmente son mezcladas con otras dentro de la misma generalidad de un tema.

Así que, ¿qué puede explicar el poder de la práctica intercalada?

· · ·

Los autores de un estudio al respecto mencionaron que cuando mezclas los problemas, le estás requiriendo a tu cerebro moverse entre estrategias a lo largo del grupo de problemas. En la práctica de bloque, típicamente identificas una sola estrategia, y luego la usas para resolver todos los problemas.

Sin embargo, cuando cambias el material para que dos problemas consecutivos no puedan ser resueltos usando la misma estrategia, estás forzando a tu cerebro a trabajar un poco más. **En lugar de aplicar lo que ha funcionado con los dos o tres problemas anteriores, tiene que embarcarse en la búsqueda del proceso correcto cada vez. Estas búsquedas esencialmente funcionan como repeticiones que consolidan el aprendizaje.**

Por ende, existen dos componentes clave de la práctica intercalada: los problemas con intercalados con otros de diferente tipo, y los problemas del mismo tiempo son presentados en intervalos, en lugar de en bloques.

Ya hemos establecido anteriormente en el libro que la práctica intermitente es una gran estrategia para mejorar la retención de material. Sin embargo, las investigaciones muestran que los efectos de hacer intervalos no solo pueden ser atribuidos a su intermitencia. Experimentos llevados a cabo en la Universidad De Florida del Sur han demostrado que el intercalado ofrece un incremento masivo del desempeño independientemente del tiempo entre cada sesión de práctica.

¿Qué significa toda esta investigación para ti? Si estás tomando una clase de matemáticas, las implicaciones son obvias. Cuando practicas resolver problemas matemáticos, no trabajes por una bandeja de un solo tipo de problema antes de continuar al siguiente. Escribe diferentes ejemplos de cada tipo en tus tarjetas de estudio y luego revuélvelas.

Te darás cuenta de que es más difícil resolver un problema cuando conscientemente tienes que escoger la estrategia correcta cada vez, pero acelerará tu aprendizaje. Puede que tengas que concentrarte en un tipo de problema a la vez al principio, pero tan pronto como hayas conseguido las nociones básicas de lo que debes hacer, empieza a basar tus técnicas de estudio en la práctica intercalada.

El hecho de que la práctica intercalada ofrezca beneficios además de la intermitencia sugiere que, si solo estás tratando de aprender una habilidad o tema, deberás añadir otra - ¡aunque no tengas que hacerlo! Después de todo, no puedes intercambiar dos temas o dos tipos de problema a no ser que estés trabajando con un material diverso. Si tienes suficiente tiempo, divide tus sesiones de estudio para poder resolver problemas de diferentes tipos.

. . .

La práctica intercalada también mejora la habilidad de hacer distinciones entre conceptos similares. **Puede que también estés interesado en saber que la práctica intercalada también es una estrategia efectiva para aquellos que están aprendiendo una habilidad motriz, como tiro con blanco, o perfeccionar la habilidad de bateo. También puede ayudarte a entender conceptos abstractos y detectar patrones que puedes no identificar a nivel consciente.**

Si estás estudiando arte, diseño, u otro tema visual, intercalar tu exposición a las creaciones de un individuo con las de otro podrá mejorar tu entendimiento de ambos, incluso si no puedes explicar por qué.

Aunque tiene mucho respaldo empírico, el intercalado no debe de ser usado en solitud en todos los contextos. Por ejemplo, si te estás preparando para un examen, aún necesitas usar los exámenes de prueba. Aunque la práctica intercalada promueve la retención, no es sustituto para las habilidades de toma de exámenes.

También deberías ser cuidadoso con este método si te distraes fácilmente. Establecer una sesión de práctica intercalada puede ser un ejercicio muy extenso si te permites quedar atrapado por los detalles como el número de preguntas de cada tema, o si los temas son suficientemente diferentes, etc. Establécete una cantidad de tiempo máxima para escoger tus preguntas e intercalar tus temas.

No te preocupes si sientes que no puedes recordar tanta información como solías hacerlo en tu sesión de estudio. Es normal para los estudiantes que utilizan el método de la práctica intercalada el recordar menos información que aquellos que utilizan la práctica de bloque mientras están practicando, e inmediatamente después. **¡Las buenas noticias son que la práctica intercalada usualmente tiene como resultado un mejor desempeño en el examen días después!**

No asumas que el material es demasiado difícil para ti, o que no estás aprendiendo nada solo porque sientes que la sesión de estudio es un reto.

De hecho, si estás usando el enfoque intercalado, deberías considerarlo una señal positiva.

Diviértete mezclando las preguntas y problemas. La práctica intercalada no solo te ayudará a aprender más rápido, sino que también incluye el elemento de la modernidad. Esto mantiene tus sesiones de estudio interesantes, lo que te ayudará a mantener tu concentración por periodos más largos. La práctica intercalada también es una buena base para una sesión de aprendizaje en grupo.

. . .

Aprendizaje acelerado en grupo

Si eres una persona extrovertida, o solo quieres experimentar con métodos de aprendizaje que no requieren pasar mucho tiempo solo, puedes intentar formar un grupo de estudio. En esta sección, veremos los beneficios de aprender con otras personas.

Primero que nada, necesitas aprender sobre cómo reclutarás a los miembros de tu grupo. Tu primer impulso puede ser invitar a tus amigos a unirse. Parece lógico estudiar con gente que te agrada, ¿no es cierto? Desafortunadamente, a no ser que tengas un tipo muy específico de amigos, puede que no sean tu mejor opción.

En su guía online para formar grupos de estudio, el Centro de Enseñanza y Aprendizaje de la Universidad Brigham Young recomienda que selecciones a las personas basándote en sus comportamientos en clase.

Dedicados, que prestan atención, y toman notas. No importa si realmente te agradan estas personas – seguramente son los compañeros de estudio perfectos.

Mantén el grupo de estudio con un máximo de 6 participantes. En los grupos grandes, hay un riesgo incrementado que los miembros se distraerán mutuamente, y las personas pueden sentir que deben minimizar sus contribuciones. Si otras personas te piden unirse, haz la sugerencia de que se dividan en dos grupos diferentes.

Reúnanse en un lugar tranquilo con la cantidad mínima de distracciones, y mucho espacio para colocar sus libros y notas. Evita trabajar en la cocina o habitación de algún miembro. Algunas bibliotecas tienen cubículos especiales para el estudio en grupo. Este tipo de lugar puede ser ideal, ya que tienen un aura "formal" que promueven la concentración.

Así que, ¿qué deberás hacer durante estas sesiones de estudio en grupo?

En tu primera sesión, decide el material que cubrirán durante los próximos días, semanas, o incluso meses. Si se están preparando para una evaluación, el temario del curso o lista de temas de lectura son una buena base para empezar. Divide el material para que todos sean responsables de liderar una discusión en al menos un tema.

Incluso si algún miembro es tímido, ¡no es excusa para no tomar turno! Todos los miembros del grupo deben de repartir el trabajo equitativamente. Poner demasiado trabajo sobre los hombros de una persona es una receta perfecta para el resentimiento. **Deja en claro desde el principio que se espera que todos participen.**

. . .

Cada sesión no debe ser más larga que tres horas. La mayoría de las personas tienen dificultad para concentrarse por un periodo más largo de tiempo, por ende, el proceso es ineficiente después de este punto. Empieza con una discusión de 30 minutos sobre un tema, que deberá ser liderado por la persona responsable del tema.

Deberán llegar preparados con su propio resumen de los puntos principales a considerar, junto con algunas preguntas que formulen pensamientos.

Estas preguntas no solo deben ser secas y literales; deben de ahondar en los "por qué" del tema, permitiéndole a todas las personas del grupo obtener una perspectiva más amplia sobre el tema.

Debes tomar en cuenta que no solo porque una persona haya sido designada como líder de discusión, significa que otros miembros pueden acudir sin haberse preparado con anticipación. **Para que la discusión sea útil, todos tienen que llegar preparados para compartir sus opiniones.** De lo contrario, la discusión se tornará pesada rápidamente, y el líder sentirá que están perdiendo el tiempo.

. . .

Escribir, completar, y proveer retroalimentación sobre preguntas del examen es otra función muy útil de tu sesión de estudio. Después del primer periodo inicial de discusión, es tiempo de consolidar tu aprendizaje y tener un examen de prueba. Designa los próximos 30 minutos creando preguntas que simulen las del examen que tomarán.

No importa si tú o los miembros del grupo prefieren cierto formato - ¡el formato lo dicta el examen que tomarán! La meta es practicar responder ciertas preguntas en particular.

Establece un número mínimo de preguntas que cada miembro tiene que escribir durante los primeros 30 minutos.

Los siguientes 30 o 60 minutos de la sesión deberán ser exclusivos para hacer y responder las preguntas. La forma más fácil de hacer esto es fotocopiando o imprimiendo copias de las preguntas para todos. Una vez que el periodo haya terminado, haz que los miembros intercambien hojas de respuestas para que puedan evaluarse. El grupo deberá darse retroalimentación mutuamente, preguntando y aclarando dudas de ser necesario.

Si las preguntas del examen serán en formato de pregunta larga, crear un examen de prueba con preguntas de respuesta larga en una sola sesión de estudio no será práctico. Sin embargo, aún pueden retarse mutuamente haciendo que la respuesta incluya los puntos principales.

También podrías llevar copias de un examen extendido en modalidad de ensayo que hayas escrito durante tus sesiones de estudio individuales, y obtener retroalimentación de tus compañeros.

Finalmente, el organizador del grupo deberá terminar la sesión haciendo un resumen de los puntos principales del tema que se cubrió durante el periodo de aprendizaje. Esto también es una oportunidad de hablar sobre cómo está operando el grupo, y si los miembros te están otorgando retroalimentación positiva. También puedes hacer uso de los últimos minutos para hacer copias de notas y preguntas de práctica para alguno de tus compañeros que quiera tenerlas.

¿Cómo te ayuda este enfoque? **Un grupo de estudio puede acelerar tu aprendizaje porque te obliga a concentrarte.** Cuando estás sentado en una mesa con varias personas, no puedes solo distraerte y jugar videojuegos. La presión social y las normas que vienen con las interacciones de grupo te mantendrán involucrado con el proceso de aprendizaje incluso cuando ya hubieras renunciado si estuvieras por tu cuenta. También te beneficiarás de tener consejos de estudios de otras personas, y esto puede ahorrarte tiempo.

. . .

Recuerda que, como cualquier otra interacción o grupo social, tu grupo de estudio puede requerir cierta mediación. Discutir sobre reglas de grupo puede ser un poco incómodo, pero los participantes reconocerán el valor de establecer expectativas mutuas. De hecho, tener una reunión funcional para establecer qué esperan los miembros de otros es una manera efectiva de deshacerte de aquellos que no cooperarán, porque dejarás en claro desde el principio que no se tolerará a flojos.

También debes entender que un grupo es un conjunto de individuos. **Recuerda, todos tenemos nuestro propio estilo cuando se trata de registrar y entender la información.** Solo porque tu entiendas tu propio enfoque o sistema único y diagramas abstractos significa que tus compañeros también podrán hacerlo.

Los grupos de estudio se ajustan mejor a las situaciones donde tienen una vasta cantidad de tiempo para prepararse para el examen. No son tan efectivos en una situación de alto estrés, donde quizá tengas una gran evaluación en los próximos días. **En estas situaciones, el tiempo que te toma armar un grupo y planear tus sesiones es mejor que invertirlo en estudiar.**

Puede que te preguntes cómo pueden estas técnicas, así como todas las que hemos visto a lo largo del libro, integrarse para llegar a una meta específica, como estudiar de último minuto para un examen, aprender un idioma, o recordar nombres y caras para evitar pasar vergüenza cuando no recuerdes el nombre del hijo de tu jefe. En el próximo capítulo, ahondaremos en las aplicaciones prácticas de esta y otras técnicas.

15

Aplicaciones de la vida diaria:
cómo estudiar para exámenes de
último minuto, lenguajes, y
aprendizaje social

EXISTEN situaciones en la vida donde quisiéramos que el conocimiento simplemente entrara a nuestro cerebro por arte de magia. Realmente algo así no existe, ¡pero las técnicas que te he enseñado son lo segundo mejor! En este capítulo discutiremos cómo utilizarlas para facilitar la absorción de información en las situaciones más comunes.

Cómo estudiar para un examen de último minuto

Idealmente, nunca tendrás que estudiar todo el contenido de un examen al último minuto, haciendo referencia a un día o semana, pero la mayoría de nosotros lo hacemos al menos una vez en nuestra carrera universitaria.

Te daré un resumen de lo que debes de hacer con tus últimas preciadas par de horas de estudio. **Puede que no**

consigas la mejor calificación, pero un estudio intensivo efectivo puede hacer la diferencia entre pasar y reprobar.

¿Por dónde debes empezar? Tu actitud determinará cuánto progreso puedes hacer en el tiempo que tengas disponible. Cuando tienes un examen importante aproximándose y apenas has tocado tu libro o revisado tus notas, puede que te sientas derrotado incluso antes de empezar. Toma un par de respiros hondos y pon la situación en perspectiva – **Todo lo que puedes hacer es salvar una mala situación con las habilidades que tienes.**

Una vez que te hayas calmado, el siguiente paso es construir un horario realista. No tiene sentido estar despierto toda la noche estudiante. Cuando sea momento del examen, estarás demasiado cansado para funcionar propiamente. Tu cerebro necesita tiempo para consolidar la nueva información. Absolutamente debes asignar tiempo para dormir, comer, y tomar descansos. Digamos que tienes 24 horas para prepararte para un examen. Un enfoque sencillo podría ser construir una tabla dividida en horas que tome en consideración todas las actividades mencionadas.

No pienses demasiado en este paso – diez minutos deben ser suficiente para construirla.

. . .

¡No tienes suficiente tiempo para preocuparte por hacer una tabla bonita! De ser posible, agenda los temas más difíciles para los puntos del día donde te sientas más despierto. Tu siguiente tarea es hacer una lista de puntos clave que necesitas cubrir. **¿Qué temas toman más espacio en tu libro de texto, reciben la mayor atención de tus profesores, y aparecen en los exámenes de prueba?** Evita las introducciones y conclusiones y toma los puntos principales de los resúmenes.

La clave es rápidamente definir lo que sabes, y luego compensar tus deficiencias lo más rápido posible. Empieza usando exámenes de prueba. **En lugar de escribir respuestas completas, escribe las ideas principales como puntos.**

Basándote en los resultados de tus exámenes de prueba, ahora serás capaz de priorizar las áreas que necesitas estudiar de mejor manera. Cómo hagas esto es tu decisión, depende de cuál de las técnicas de este libro es más apropiada para tu situación. **Necesitas tomar en cuenta la naturaleza de la materia que estás estudiando.**

Después de dos o tres horas estudiando, vuelve a tomar un examen de práctica. Esta vez, seguramente te sentirás con más confianza para responder las preguntas. Compara tus respuestas con las que realizaste en tu primer intento **¿En qué áreas has mejorado y qué material necesita más repaso?**

· · ·

No repitas la misma técnica de estudio una y otra vez si no está funcionando. Tienes que establecer un ciclo de retroalimentación eficiente que te permita ganar introspección sobre tus áreas de oportunidad, desarrollar tu conocimiento en revisiones cortas, volver a ponerte a prueba, etc.

¡Sé proactivo! No cedas ante los sentimientos de derrota.

Haz que cada minuto cuenta. **Cuando te empieces a sentir fatigado, es momento de tomar un descanso y comer un refrigerio sano para mantener tu azúcar estable. Usa la técnica de Pomodoro para asegurarte que estás tomando descansos regulares.**

Lleva un par de notas contigo el día del examen, y léelas justo antes de entrar a la prueba.

Esto no te ayudará a absorber mucha información nueva, pero puede servir como una señal para recordar. **Tan pronto como comience el examen, escribe los conceptos clave en el la parte de debajo de la página, o en la parte de atrás del examen.**

Estudiar intensamente puede generar sentimientos de motivación, porque los estudiantes saben que están bajo mucha presión. De una manera bizarra, estudiar con tanta intensidad hace el proceso de estudio más emocionante.

Finalmente, no permitas que el estudio intensivo se vuelva un hábito. **Te estarás perdiendo la oportunidad de descubrir todo tu potencial.** Si te das cuenta de que estás recurriendo al estudio intensivo de último minuto regularmente, es momento de reconsiderar tus hábitos de estudio, y quizá tus habilidades de administración del tiempo también.

El tema que estás estudiando juega un rol importante. Si solo necesitas aprender hechos para un examen, estudiar intensivamente probablemente tendrá mejores resultados que en temas que te requieren entender conceptos complejos. Siempre es mejor empezar a estudiar de antemano.

Cómo aprender un idioma rápidamente

El lenguaje es una habilidad fundamental que todos tenemos que aprender. Desde su nacimiento, los bebés hacen sonidos con la garganta que se vuelven la base de sus primeras palabras. Dentro de un par de años, un niño joven empezará a usar oraciones sencillas, y expandirá su vocabulario a un ritmo increíble.

$\cdot \quad \cdot \quad \cdot$

Todo esto sucede naturalmente, con poco esfuerzo. La mayoría de nosotros adquirimos nuestra lengua nativa sin una enseñanza directa, y lo hablamos completamente fluido para cuando tenemos cinco años. Si queremos aprender un lenguaje adicional después de este punto, tendremos que tomar una decisión consciente para adquirir esta nueva habilidad.

Al principio de este libro, leímos sobre el aprendizaje experimental. Para recapitular rápidamente, el enfoque experimental es perfecto para aprender un idioma, porque recibes retroalimentación instantánea de tu vocabulario, pronunciación, y gramática.

El valor comprobado del aprendizaje experimental es lo que vuelve las técnicas de inmersión del lenguaje tan populares. **Sin embargo, la inmersión no te garantiza que alguien aprenderá un idioma.**

La motivación hace toda la diferencia. Si no eres receptivo a aprender un nuevo idioma, no tendrás progreso alguno. **Pregúntate a ti mismo por qué estás tomándote la molestia de aprender una nueva lengua.** Aunque embarcarte en un viaje idiomático puede ser divertido, y deberías de ser capaz de adquirir un nivel de competencia conversacional en un par de meses, toma en cuenta que requiere trabajo duro.

. . .

Si tu meta es hablar fluido – particularmente si quieres intentar leer y escribir el idioma con la misma competencia con el que lo hablas – tienes que ser claro cuando estés definiendo tu meta. El tipo de lógica que utilices para ello afectará tus oportunidades de tener éxito.

Si te sientes incómodo o nervioso de intentar aprender una segunda lengua, puede que estés permitiendo que pensamientos negativos te detengan. Si les permites continuar sin cuestionártelos, afectarán tu motivación.

Quizá una de las concepciones erróneas más comunes son las que las personas creen sobre la edad y la capacidad de aprender una nueva lengua.

De acuerdo con los dichos populares, para los niños es fácil aprender un nuevo idioma, para los adolescentes un poco más difícil, y aquellos arriba de los 40 pueden empezar a darse por vencidos.

No solo este tipo de pensamiento es deprimente, también es incorrecto. Un resumen publicado en el diario de Investigación del Segundo Idioma en 1997 demostró que la edad no es un gran factor determinante para qué tan rápido alguien puede aprender un idioma.

. . .

El factor principal es en realidad el grado de relación o similitud que tiene el nuevo idioma con la lengua nativa del estudiante.

El segundo factor más importante es la cantidad de tiempo que el estudiante ha puesto en practicar el idioma.

Esencialmente, entre más practiques, mejor te volverás para ello.

Otra creencia que detiene a los nuevos estudiantes es la noción de que para poder tener un nivel conversacional con hablantes nativos necesitan memorizar una gran cantidad de palabras.

Mientras identifiques correctamente las palabras más comunes y dediques tu tiempo a memorizarlas, pronto serás capaz de conversar sobre una variedad de eventos diarios. Si estás tratando de aprender un idioma por tu cuenta, puede que te estés preguntando por dónde comenzar.

Sin embargo, no hay necesidad de desgastarte pensando en qué palabras son más usadas por los nativos. Ve a cualquier librería en línea y busca por un diccionario de frecuencia sobre el lenguaje que quieres aprender. **Los diccionarios de frecuencia típicamente contienen las 1,000-**

3,000 palabras más comunes, con áreas especiales para los verbos.

Usa tus tarjetas de estudio para practicar vocabulario. Muchos de los mismos principios que usarías estudiando otros temas se pueden aplicar. Por ejemplo, podrías adherirte a la regla de una palabra por tarjeta, y asegúrate de distinguir entre retención y reconocimiento.

Los expertos creen que es importante establecer, y llegar a metas realistas y valiosas durante tu proceso de aprendizaje de un idioma. Recuerda para lo que realmente te sirve una lengua – les permite a dos personas intercambiar ideas, interactuar, y compartir experiencias.

Basa tus metas en tus razones iniciales para aprender el idioma y lo que esperas ser capaz de hacer a medida que aumentas tu competencia.

Por ejemplo, tus metas finales pueden ser tener una conversación de diez minutos con un nativo y entender los artículos principales en un periódico escrito de ese idioma. **Estas son metas sencillas y motivadoras, porque tienen un objetivo definido claramente, y tener la capacidad de hablar con un nativo y entender noticias recientes en el país son habilidades útiles.**

. . .

Cuando se trata de aprender vocabulario, puedes usar una gran variedad de herramientas. Junto con las tarjetas de estudio, los instrumentos mnemotécnicos también pueden funcionar si estás teniendo dificultad para recordar una palabra.

Como con cualquier otro tema, los exámenes y pruebas son de las mejores maneras de consolidar nuevo conocimiento, e identificar tus debilidades. Existen muchos exámenes gratuitos en línea que puedes utilizar para medir tu progreso.

Sin embargo, aunque estas son un buen recurso para cuando tienes que refinar tu conocimiento de gramática y el uso de tiempos gramaticales, no son sustituto para el tipo de aprendizaje experimental que conlleva una conversación en tiempo real.

Toma cada oportunidad que puedas para practicar tu nuevo idioma. Los grupos de estudio son uno de los mejores enfoques para aprender un idioma. La dificultad y duración de las sesiones de grupo dependerán de su competencia, pero el principio fundamental es el mismo – todos deben de tener oportunidad de practicar con al menos una persona, y por al menos un par de minutos. Si alguien comete un error, deberá recibir retroalimentación lo más rápido posible. Idealmente, tu grupo de estudio debería incluir a un hablante nativo, su rol será ofrecer consejos sobre vocabulario, gramática, y pronunciación.

Muchos estudiantes tienen dificultad para pronunciar correctamente nuevas palabras. La manera más rápida para solucionar esto es no repetir la misma palabra una y otra vez, sino ver a alguien más hablar. Sería ideal que le pidieras a un hablante nativo pronunciar la palabra frente a ti y corregirte de ser necesario, pero también puedes buscar videos en línea.

No te concentres en lo que están diciendo – presta atención a cómo se mueve su cuerpo mientras lo dice. ¿Cómo posicionan sus caras y cuellos? ¿Qué forma hace su boca? **Si puedes imitar su apariencia acertadamente, tienes una mejor probabilidad de pronunciar la palabra correctamente.**

Una vez que hayas dominado la pronunciación correcta, usa las palabras varias veces en tus próximas sesiones de práctica.

Mientras llevas a cabo tus actividades diarias, pretende que estás narrando tus propias acciones. **En el lenguaje que quieres aprender, comenta en voz alta la hora a la que te levantaste, lo que hiciste cuando saliste de la cama, la ropa que te pusiste, y así sucesivamente**.

Puede que te sientas nervioso al principio, pero luego te darás cuenta de la utilidad de este ejercicio.

No solo serás capaz de practicar tu pronunciación, también aprenderás las palabras más importantes.

Cuando hablas de las acciones mundanas de tu día a día, te das cuenta de que las mismas palabras se repiten una y otra vez.

Si estás batallando con traducir lo básico, como "yo comí…", entonces sabrás exactamente lo que tienes que investigar, y las áreas en las que necesitas expandir tu vocabulario.

En resumen, aprender un nuevo idioma puede ser difícil – pero también es muy valioso. Te hace sentir como un trotamundos, y puede abrirte las puertas a nuevas oportunidades profesionales y personales. También puede ser muy divertido **De hecho, los expertos sugieren que, si no eres capaz de divertirte mientras aprendes un idioma, te has desconectado demasiado del material y debes encontrar una nueva forma de volverlo interesante.**

Aprendizaje social: cómo recordar nombres y rostros

· · ·

La mayoría de nosotros pensamos en el aprendizaje en un contexto académico, pero aprender es un término muy amplio que abarca prácticamente todas las áreas de nuestra vida.

Si alguna vez has hablado con alguien en un par de ocasiones y aún eres incapaz de recordar su nombre, ¡apreciarás esta habilidad!

Cuando recuerdas el nombre de alguien más, la persona se siente como si le estuvieras prestando atención, escuchando lo que decía, y generalmente la tomas en serio. Por ende, se sentirán más apegados a ti.

Empezaremos con los nombres. La próxima vez que te encuentres en una situación social, adopta un enfoque proactivo cuando tengas la oportunidad de interactuar con otras personas. No solo te pares o sientes en un lugar esperando a que alguien te presente a una nueva persona. Inspecciona su rostro sutilmente, piensa en el tipo de persona que puede ser – en resumen, haz que tu cerebro se involucre. Pregúntate cuál piensas que podría ser su nombre. Esto hace que tu cerebro acepte la información cuando finalmente se la ofrezcas. **Si necesitas un incentivo para aprender un nombre, usa un enfoque pragmático y pregúntate qué tipo de relación podrías llegar a tener con la persona en cuestión.**

. . .

Muchos de nosotros nos sentimos nerviosos en situaciones sociales. Pasamos demasiado tiempo pensando en situaciones hipotéticas y lo que podríamos decir a continuación. **El problema con estos pensamientos es que nos distraen de la persona frente a nosotros.**

¡Antes de que te des cuenta, ya has apretado la mano de alguien y hecho contacto visual sin tener una idea de cuál es su nombre!

Puede sonar contraintuitivo, pero una de las habilidades sociales más útiles que puedes desarrollar es la habilidad de permanecer callado, tanto en términos de lo que dices como en términos de lo que piensas. Si tienes una cascada de pensamientos internos, te perderás de todo lo que está sucediendo bajo tus narices.

Una vez que te hayan presentado oficialmente a alguien, haz contacto visual mientras repites su nombre en voz alta. Obviamente, necesitas hacer esto de manera que se vea natural. Puedes decir "Gusto en conocerte [Nombre]," o "Así que tú eres [Nombre], he escuchado mucho de ti." Esto no solo es cortés. Tomarte dos o tres segundos para darle tu completa atención a su nombre aumentará las posibilidades de retenerlo en tu memoria. También le da a la persona la oportunidad de corregirte si los pronuncias mal.

· · ·

El siguiente paso es ligar sus nombres con algo o alguien que ya conozcas. Esta conexión mejorará tus oportunidades de retener su nombre.

Dependiendo del contexto, puede que sea posible mencionar esta conexión en una conversación.

Los sobrenombres o apodos también funcionan como un soporte de memoria. **Toma el reto de inventar un sobrenombre para alguien a los cinco minutos de haberlo conocido.** Este apodo puede ser positivo, neutral, o incluso un poco grosero. No importa, mientras te ayuden a recordar el nombre de la persona. Por supuesto, debes tener cuidado de no dejar salir apodos insultantes en un momento inapropiado.

Después de que hayas aprendido el nombre de una persona, tienes que trabajar en retener su rostro en tu memoria. Un método efectivo es escanear su rostro y cuerpo, y detectar su característica más particular. No necesito decirte, que habrá casos más fáciles que otros.

Sin embargo, incluso la persona con apariencia más sencilla tiene algo que lo distingue del resto de las personas que conocen. Si realmente son exageradamente promedio, eso también es algo digno de recordar. Repite su nombre en tu cerebro mientras absorbes su característica.

. . .

Junto con el recuerdo general de su rostro y una memoria específica de su característica más notable, también necesitas encontrar una manera de emparejar su nombre con su apariencia. Esto crea un puente entre la información que tienes sobre su rostro y la información que guardaste sobre su nombre.

Recuerda, la repetición espaciada es una manera efectiva de retener información a largo plazo. El aprendizaje social n o es una excepción a la regla. **Si necesitas aprender varios nombres y caras nuevas − por ejemplo, si acabas de empezar un nuevo trabajo, o estás enseñando una clase con nuevos estudiantes − pon a prueba los recuerdos de sus nombres y rostros todos los días.** Si eres un maestro, por ejemplo, escribe todos los hombres de alumnos que te sea posible después de cada clase.

Mantén las tarjetas en tu escritorio, revísalas cuando no tengas mucha responsabilidad por cumplir. Piensa en ellas como tarjetas de estudio.

Finalmente, hablar sobre alguien que acabas de conocer es una manera efectiva de consolidar lo que has aprendido sobre él.

. . .

Si has estado en una conferencia, cuéntales a tus compañeros a quien conociste cuando regreses a la oficina.

Entre más conexiones generes entre el individuo y lo que ya sabes, mayores oportunidades tienes de recordar su nombre y rostro.

Conclusión

Ahora, ya tienes a tu disposición una gran variedad de técnicas que sobrecargarán tu aprendizaje. Seas un estudiante universitario preparándose para sus exámenes, o un padre de tiempo completo que quiere mejorar sus habilidades matemáticas para ayudar a su hijo con su tarea, o un ejecutivo que estudia la maestría en su tiempo libre, ahora estás en el camino correcto.

Espero que ya hayas visto el impacto positivo de estas técnicas. **Al escribir este libro, espero inspirar a las personas a intentar habilidades y temas que creían que eran "demasiado difíciles."** También quiero llegar a aquellos que les gustaría regresar a la universidad o tomar un curso para su puesto laboral, pero sienten que son demasiado viejos.

. . .

¡Te habrás dado cuenta de que ninguna de estas técnicas tiene un límite de edad! Si has estado contemplando regresar a la educación formal, tu nuevo arsenal de aprendizaje te dará buenas oportunidades de tener éxito.

Para aquellos que aún están en la escuela, felicidades por tomar tus estudios en serio con tan corta edad. **Ahora sabes que no importa si tu CI es más bajo o alto que el de tus compañeros – lo que realmente importa es tu actitud, junto con los métodos que uses cuando quieras absorber nueva información.** Si tienes amigos que quieren intentar conseguir buenas calificaciones, pero continúan fallando en hacerlo, aliéntalos a conseguir una copia de este libro.

Si eres un padre de familia, puedes usar este libro para enseñarle a tus hijos cómo aprender. Puede que no seas un experto en un tema en específico, pero si les enseñas cómo descubrir y retener nueva información, ¡seguro te lo agradecerán después!

Tener buenos hábitos de estudio desde una edad temprana les dará una base sólida para tener logros en el bachillerato y la universidad. No te confíes de la habilidad de la escuela de tu hijo para enseñarle.

· · ·

Los niños más grandes y adolescentes se pueden ver benefi-
ciados por muchos de los métodos mencionados en este
libro, así que enséñaselos si tienen la suficiente edad para
entenderlos. Ten en cuenta que puede que no quieran o
necesiten usar todas las técnicas, y esto está bien. **Sin
embargo, puedes sugerir gentilmente que desarrollar algunas de las técnicas de aprendizaje acelerado les puede ayudar a tener mejores
calificaciones al trabajar más inteligentemente en
lugar de más duro.** ¡Esto puede darles todo el incentivo
que necesitaban para al menos intentar un par de estas
ideas!

Si eres maestro o educador, ¿por qué no se las enseñas a tus
alumnos? **Define un par de horas cada periodo para
hablar sobre el aprendizaje y qué es, y las maneras
en las que las personas pueden aprender mejor.**

¿Tu trabajo conlleva administrar talento humano? De ser
así, este libro te debió haber dado cierta información sobre
por qué algunas personas parecen más competentes que
otras, y por qué algunos individuos pueden estar teniendo
problemas en sus puestos.

La sección de aprendizaje en grupo puede serte útil para
administrar proyectos interdisciplinarios, ya que resume las
dinámicas sociales para mejorar la experiencia de aprendizaje. Si crees que una técnica específica puede ayudar a uno

de tus colegas ¿por qué no le sugieres una sesión de aprendizaje y desarrollo basada en algunos de los capítulos de este libro?

Ya que has descubierto un poco más sobre cómo aprende la gente, puede que estés más dispuesto a adaptarte a los miembros del equipo que necesiten un poco más de ayuda o algunos ajustes razonables.

El meta-aprendizaje – aprendiendo a aprender – es una de las habilidades más útiles que puedes adquirir. Aún mejor, puedes practicar tus técnicas de aprendizaje en muchos contextos diferentes a lo largo de tu vida. Como sea que decidas aplicar estas técnicas, te deseo buena suerte para desarrollar tus habilidades y expandir tu conocimiento.

¡Diviértete!

Cómo Eliminar Distracciones

Dispara tu Atención y Concentración Mental con Sencillos Métodos que Puedes Empezar a Usar Hoy Mismo

Índice

Introducción

¿CUÁNDO FUE la última vez que tuviste problemas para prestar atención? Quizá fue en los momentos previos a comenzar este libro, ¿te fue difícil concentrar tu enfoque en comenzar a leer? Incluso llegar al siguiente párrafo podría crear una batalla en tu cerebro. En nuestro mundo de ritmo rápido y digitalización, es un desafío mantener tu atención en algo por más de unos segundos.

Afortunadamente, podemos trabajar en nuestra concentración.

No es algo como el color de tus ojos o tu altura, que tienes que aceptar como características genéticas; tu concentración se puede entrenar mediante tareas menores que inducen un alto nivel de autocontrol, el problema que tenemos en nuestra sociedad son las continuas distracciones.

· · ·

Cada lunes era siempre una oportunidad para empezar de nuevo… Tenía estos grandes sueños y esperanzas de todo lo que lograría cuando comenzara la próxima semana: llegaría el lunes, haría bien en implementar algunos de mis mejores hábitos y continuaría hasta el martes. Pero el miércoles comenzaría a dispersarme un poco, recordándome a mí mismo que estaba bien, porque lo compensaría más tarde.

Llegaría el día siguiente y no tendría tiempo suficiente para compensar la holgura del miércoles además de las altas metas que ya me había marcado. Para el jueves por la noche o incluso el viernes, habría fallado en mis objetivos y pensaría en rendirme, lo que me dejaba sintiéndome derrotado.

Me divertiría el fin de semana y luego llegaría el domingo, día en el que me sentiría arrepentido por no haber logrado lo suficiente y me castigaría por ignorar los posibles éxitos que podría haber tenido.

Esto me pasó con todo, desde perder peso hasta organizarme mejor y también trabajar en mi salud mental. Quería ser alguien que se ejercitara todos los días, esperaba poder tener un diario reflexivo saludable e incluso estaba interesado en probar nuevos deportes. Seguía estableciendo metas enormes, fallaba y luego esperaba poder establecerlas de nuevo. Fue un ciclo interminable hasta que me di cuenta de que yo era el único que tenía el control de mí mismo y de mis acciones.

A veces me asustaba lo que pensaran otras personas: ¿mi jefe se daría cuenta de que estaba flojeando en el trabajo?, ¿se darían cuenta mis padres de que no tengo tanto éxito como pensaban?, ¿mis amigos alguna vez se sentirían decepcionados de mí? Todas estas personas no sabían que yo estaba sentado ahí posponiendo las cosas, no se daban cuenta de que estaba cediendo a mis impulsos y revisando las redes sociales por décima vez ese día.

La única persona a la que estaba lastimando en este proceso era a mí mismo. Tenía el control de mis acciones y elegía lastimarme todos los días, no podía culpar a nadie más por obligarme a posponer una tarea para el día siguiente. No fue un arma en mi cabeza lo que me dijo que abandonara mi dieta, estaba a merced de mis propias acciones. Me suplicaría no fallar, le suplicaría a una versión futura de mí mismo que me ayudara a dar el siguiente paso pero una y otra vez me decepcioné.

A veces culpaba a la gente: fue mi amigo quien me envió un mensaje de texto después de una ruptura que me dolió mucho, él fue la razón por la que salimos a beber; fue mi mamá quien no me hizo lo suficientemente aseado cuando era más joven, fue culpa de mi jefa por no ver mi potencial y darme un ascenso sin que yo tuviera que preguntar… Culparía a las circunstancias externas.

· · ·

A veces, tenía excusas legítimas, porque todos merecemos tomarnos un descanso de vez en cuando. Otras veces, sabía en el fondo que estaba elaborando historias en mi mente para justificar posponer las cosas.

Cuando te das cuenta de que eres quien se somete continuamente a estas emociones negativas, es más fácil reconocer que eres responsable de evitar que vuelvan a ocurrir.

Otra cosa que tenemos que recordar es cómo nuestro propio cerebro puede distraer. Es posible que hayas descubierto que soñar despierto/a o el imaginar largas fantasías en tu mente han sido un medio para escapar de lo que debes hacer y un método de *procrastinación*.

Tenemos distracciones en nuestros hogares, al alcance de la mano, en la calle, en nuestras pantallas y en cada rincón de la vida; a veces nos distraen las cosas sin siquiera darnos cuenta.

La solución a este problema es aprender a manejar nuestro autocontrol. Mucha distracción quita tiempo porque lo permitimos.

Siempre habrá distracciones, tener una vida productiva no es evitar por completo dichos impulsos: superar estas distracciones requiere aprender mecanismos de afrontamiento y habilidades prácticas para que cuando nos enfrentemos a estas distracciones, sea más fácil desviar la atención de ellas. Suena fácil, pero no es tan simple.

La solución es comprender primero cuáles son estas distracciones: ¿cuáles son los tipos de cosas que continúan distrayendo tu atención de donde deberías estar? Es un problema prestar atención en todas las áreas de la vida. Es posible que tengas dificultades para concentrarte en el trabajo, tengas dificultades para escuchar con atención a la familia o tal vez parezca que tu cerebro no puede prestar atención a nada en absoluto.

Cuando logras implementar hábitos más saludables para tu vida, que cultivan un mayor éxito, es mucho más fácil encontrar el éxito en diferentes áreas. A lo largo de este libro, recorreré los pasos necesarios para crear una vida más beneficiosa y productiva. Este libro tiene siete capítulos llenos de rica información para darte la oportunidad de recuperar tu atención, podrás descubrir las ventajas de una vida en la que estás a cargo de lo que merece tu atención.

Pero, ¿qué diré yo que muchos otros libros, artículos, publicaciones de blog y videos no puedan decirte? He descubierto los pasos necesarios para crear una experiencia personal. No voy a mostrarte cómo tener mi rutina, voy a mostrarte cómo puedes crear una rutina que funcione para ti, tal como la mía lo hace para mí.

· · ·

Lo que pasa con crear un estilo de vida saludable es que tiene que ser exclusivo para tu propia vida. En muchas áreas diferentes de la creación de un estilo de vida más saludable, las personas tienden a centrarse en la productividad más que en la personalidad. Ser más eficiente no se trata solo de crear un horario organizado, tienes que confrontar tus pensamientos. Es un proceso mental, no físico.

Superar las distracciones y mantenerte enfocado/a en lo que necesita tu atención es algo que debes aprender en tu interior. En lugar de concentrarte en todas las cosas externas que puedes imitar de otras personas productivas, quiero brindarte ejercicios tanto mentales como prácticos para que sea más fácil concentrarte en el hogar.

Incluso cuando te sientas nervioso/a, atrasado/a en las tareas o tengas otros problemas con tu productividad, tu cerebro será la herramienta más útil para impulsarlo. Notarás una mayor atención a tus relaciones personales y un mayor éxito en el trabajo debido a tu capacidad para mantener tu concentración.

He logrado transformar mi propia vida a través de un profundo pensamiento reflexivo y continuos hábitos sencillos, no todo tiene que ser un cambio rápido, de la noche a la mañana. Incluso dar pequeños pasos puede ayudarte a escalar grandes montañas. No existe una solución rápida o una respuesta única que encontrarás en cualquier lugar que busques para superar estos sentimientos. Lo más importante es reconocer cómo empoderarte desde adentro, se trata de autocontrol, reconociendo tus pensamientos y actuando sobre estos impulsos.

¿Qué es lo que tienen las personas productivas? Se trata de encontrar cierto individualismo dentro de ti para mantener el control necesario para un mejor enfoque. La prueba está en tu propia mentalidad.

Lo que has intentado en el pasado no ha funcionado, probablemente porque no has aprovechado tu capacidad de concentración. La impulsividad reside en el individuo y es fundamental, ahora más que nunca, que sepamos cultivar la fuerza para superarla en nuestra propia mente.

Te prometo que al final de este libro habrá cambiado tu forma de pensar. Puedes leer este libro en dos días o extenderlo durante semanas. Una vez que hayas completado estas técnicas, habrás comenzado a reflexionar realmente sobre ti mismo/a y a cuestionar tus pensamientos.

He dejado muchas preguntas abiertas a lo largo de este libro para que comiences el proceso de autorreflexión. Al darte cuenta en primer lugar, de tus pensamientos, ya has dado un paso esencial para crear una nueva vida. Cuanto más esperes para realizar algo, más natural se vuelve esa procrastinación; para cambiar realmente las cosas, comienza ahora.

· · ·

No tienes que sufrir una transformación drástica de la noche a la mañana, puede suceder mediante pequeños pasos. De hecho, esa es la forma más beneficiosa de llegar ahí, porque una vez que todo está dicho y hecho, has creado una base más sólida que hace que sea más difícil volver a caer en los viejos hábitos. Todo lo que se necesita es dar el primer paso, y eso comienza ahora.

1

Deja de distraerte

Es OBVIO. Lo primero y más importante que debes hacer es eliminar las distracciones, hay muchas distracciones fácilmente identificables como tu teléfono, computadora y las personas que te rodean. También debemos identificar las distracciones que ni siquiera nos damos cuenta que están robando la atención del cerebro, como los pensamientos intrusivos y el aburrimiento.

Una vez que me comprometí conmigo mismo a ser más disciplinado, hice un esfuerzo por ser consciente de mis distractores. Por supuesto, no puedes eliminar todo de tu vida inmediatamente, pero una vez que hice la distinción entre lo que era productivo y lo que solo distraía, fue más fácil enfocarme en otra cosa.

Sin embargo, el mayor desafío que experimenté al principio fue la frecuencia con la que me encontraba con distractores, es casi como intentar dejar el azúcar: cuando caminas por la tienda de comestibles, no te das cuenta de la cantidad de azúcar que contienen los alimentos hasta que comienzas a leer las etiquetas.

Hasta que no empieces a realmente analizar tus acciones, no te darás cuenta de cuánto te están quitando la concentración.

Adquirir las habilidades que te permitan identificar distracciones es obtener una perspectiva de la que no puedes regresar. Una vez que me di cuenta de esto, comencé a escribir todo lo que hacía, establecí registros de tiempo en un cuaderno y en mi teléfono; al final del día, reuní estos datos en un simple documento.

Algunos días no tenía tiempo para hacer estas colecciones, pero siempre encontraba al menos 10 o 15 minutos para dedicarme a registrar esta información en algún momento cada pocos días. Al final de cada semana, durante cuatro semanas seguidas, rastree qué tan efectiva era mi productividad:

Cada día que me despertaba y dedicaba al trabajo, sentía que todo mi tiempo iba a funcionar, sin embargo, en realidad me levantaba, me iba a trabajar y comenzaba una tarea que después se prolongaría durante todo el día. La noche se acercaría y me sentiría atrasado… y hambriento. Mientras rastreaba mi tiempo, también rastreaba mi dinero: comía muchas comidas baratas y fáciles de preparar porque, para mí, eso ahorraba tiempo y dinero.

Lo que descubrí fue exactamente lo contrario de todo lo que creía sobre mi propio horario. Es posible que haya gastado poco en mis comidas rápidas, pero hacerlo dos veces al día se convertiría rápidamente en un alto gasto en comida. Hacer eso 4 o 5 veces a la semana significaba que gastaba mucho más en alimentos de lo que debería.

Me di cuenta de que, aunque sentía que estaba trabajando todo el tiempo, en lugar de eso, estaba postergando todo el tiempo: estaba perdiendo mis días distrayéndome con cosas que no requerían mi atención.

Pasaba mucho más tiempo en línea de lo que pensaba. Me conectaba cinco minutos a lo largo del día y no parecía tanto tiempo, revisaba algunas cosas y luego me recordaba a mí mismo que debía volver al trabajo. Cuando comencé a rastrear mis acciones usando registros de tiempo me di cuenta de que lo que se sentían cinco o diez minutos en mi teléfono eran en realidad entre 18 y 25 minutos, nunca me permití distraerme durante 30 minutos completos.

No pensaba en mis tareas como situaciones cronometradas y más bien vivía de una media hora a la siguiente, trabajaba hasta las 2:26 pm y veía que tenía cinco minutos hasta las

2:30, así que tomaba mi teléfono y me conectaba a las redes sociales. Luego llegaban las 2:43 y finalmente decidía volver a trabajar hasta las 3. No desperdiciaba media hora entera, así que sentía que todavía estaba siendo decentemente productivo.

Aun así, esto consumía 17 minutos de mi tiempo. Si lo hiciera de 6 a 8 veces a lo largo del día (cada hora, o a veces, más), se acumularía rápidamente.

Si bien pensé que le estaba dando tal vez una hora como máximo a mi teléfono por día, algunos días llegaban a ser hasta cuatro horas. Extendía el tiempo de ocio tanto a lo largo del día que ni siquiera podía darme cuenta de cuánto tiempo estaba perdiendo; si bien pensaba que dedicaba 60 horas a trabajar a la semana, en realidad solo estaba dando 35. Aunque todavía trabajaba mucho, no era tanto esfuerzo como el que yo sentía, porque desperdiciaba mucho el tiempo a lo largo del día. Si bien sentía que estaba completando múltiples tareas todo el tiempo, en realidad estaba haciendo mucho menos de lo que podría haber logrado administrándome bien.

Hubo días en los que era extremadamente productivo, y tomaría eso como base sobre cómo podría trabajar todo el tiempo, así que me decepcionaría a mí mismo porque no siempre sería tan productivo como en esos días de mucha actividad.

· · ·

Sin embargo, logré encontrar el equilibrio y cumplir con esas expectativas de manera realista todos los días: dejé de presionarme para actuar todos los días como lo hice en aquellas veces más productivas y, en cambio, me centraba en esos momentos que por lo general, ocurrían los miércoles.

Estaba más comprometido y dedicado a hacer mi trabajo en estos días, así que asignaba tareas de alta prioridad para mitad de semana. Pude ver que los lunes por la mañana eran ineficaces para mí, así que programé tiempo en ese día para revisar redes sociales y cualquier otra noticia, ya que quería evitar hacerlo más adelante. Si bien no se sintió como un comienzo productivo para los lunes, en realidad me hizo un mejor trabajador de martes a jueves. Luego, los viernes se convirtieron en los mejores días para hacer las tareas del hogar, así como cualquier otro recado y deberes que había pospuesto durante la semana. Liberé mi tiempo durante los fines de semana y así el tiempo que pasé trabajando fue mucho más agradable.

Los lunes por la mañana solía pensar que odiaba mi trabajo y odiaba mi vida, me di cuenta de que en realidad estaba de mal humor y necesitaba concentrarme en algo más que en el trabajo. Al identificar mis distracciones mediante el registro de mi tiempo, descubrí los secretos de mi propia productividad.

· · ·

Una vez que te das cuenta de que algo te distrae, es más fácil decirle que no la próxima vez; así que una vez que entiendas cómo estás gastando tu tiempo, serás más consciente de las cosas que te distraen y podrás actuar al respecto. Quiero hablar de las redes sociales y de tu teléfono, para que puedas reconocer cuánto podrían estar ocupando tu tiempo. Una de las mejores formas de desconectarte es tener una zona libre de distracciones.

Reconoce a dónde va tu tiempo

¿En qué has estado gastando tu tiempo? Antes incluso de comenzar con un nuevo horario o implementar mejores hábitos, es esencial que sepas a dónde ha ido tu tiempo en primer lugar. La mayoría de nosotros no nos damos cuenta de en qué gastamos el tiempo.

A menudo te despiertas, cumples con una misma rutina, te acuestas y continúas haciéndolo sin darte cuenta de cuánto tiempo estás dedicando a determinadas tareas.

El primer paso en este proceso es reconocer a dónde va tu tiempo, puedes hacer esto físicamente en un cuaderno, o puedes hacerlo electrónicamente en una computadora o teléfono. Empieza por darte cuenta de en qué estás gastando tu tiempo, siendo consciente de la hora que es y del tiempo que tarda una tarea mientras la realizas. Algunos de nosotros ya prestamos atención a esto, pero desde una perspectiva de pánico; tal vez mires el reloj y pienses *"oh, no, ya he dedicado 10 minutos más de lo que planeaba para esto"*, o tal vez estés mirando tu teléfono y pienses *"oh, genial, acabo de perder otros 15 minutos en una red social"*.

Empieza a registrar físicamente tu tiempo. Es difícil hacer un seguimiento en primer lugar, recordar tomar notas a lo largo del día puede, en sí mismo, ser una distracción.

Es por eso que crear una nueva nota en tu teléfono es una excelente manera de hacerlo, ya que la mayoría de nosotros siempre tenemos nuestros teléfonos a la mano o al menos cerca.

Es importante saber a dónde va tu tiempo porque quieres reconocer las barreras que creas entre las tareas que bien podrían fluir en conjunto. Cuando las cosas fluyen en conjunto, a veces es más difícil administrar bien nuestro tiempo porque todo es una larga tarea repartida en pedazos a lo largo del día. Es fácil dejar de lado las tareas que se suponía que debías hacer si tienes, por ejemplo, muchas amistades en tu lugar de trabajo y desde el momento en el que sales del trabajo ya estás conviviendo con tus amigos; este es solo un ejemplo de los tipos de barreras o flujos que existen entre las obligaciones que tenemos a lo largo del día.

. . .

No se trata de eliminar estas relaciones sino de asegurarte que mantienes tu tiempo organizado.

Una vez que comiences a controlar tu tiempo, podrás descubrir dónde lo estás perdiendo.

Cualquier buen negocio haría un análisis para saber en qué parte de la empresa debería reducir costos, ¿tú en qué podrías estar perdiendo demasiado tiempo? Es posible que ya tengas un planificador y es probable que no funcione tan bien como debería, así que fíjate en lo que no estás cumpliendo en tu agenda: ¿estás subestimando la duración de las tareas, o podría ser demasiado ambicioso lo que esperas lograr en un día?

Mientras realizas el seguimiento, puede ser difícil recordar volver a tu cuaderno y registrarlo. Puedes configurar pequeñas alarmas durante el día para tener de 30 segundos a cinco minutos para anotar rápidamente tus tareas. Por ejemplo, puedes configurar una alarma a las 12:00 pm, 3:00 pm, 6:00 pm y 9:00 pm para reflexionar sobre lo que ya has hecho; puedes reflexionar y ver cómo te tomó 30 minutos prepararte para el trabajo, 30 minutos para desayunar, utilizaste tu teléfono durante 15 minutos, trabajaste durante 30 minutos, tomaste nuevamente el teléfono durante 10 minutos, trabajaste durante una hora y así sucesivamente. Registras todo eso al mediodía, luego suena la alarma de las tres y haces lo mismo con las tareas que realizaste después del almuerzo.

Después de hacer esto durante 30 días, quedarás absolutamente asombrado/a de ubicar en qué has ocupado tu tiempo. Controla tu tiempo durante al menos una semana, pero lo ideal es hacerlo esos 30 días para descubrir dónde disfrutas pasar la mayor parte de tu tiempo. ¿Estuviste feliz durante ese mes?, ¿te sentiste bien contigo mismo/a, cumpliste algunas metas? Reflexiona profundamente sobre esto para obtener un análisis real de lo que ha llamado la mayor parte de tu atención.

Hacer esto durante un mes es importante porque verás grandes resultados. Verás esos números asombrosos que indican que pasaste 28 horas en las redes sociales, aunque solo pasaras 10 minutos a lo largo del día en línea. Cuando rastreas periodos más largos de esta manera, tu tiempo gastado puede acumularse dramáticamente. Te darás cuenta de que programar una sola hora para distraerte al día parece mucho ahora, pero al compararlo con el análisis que has creado, en realidad reducirá la cantidad de distracción que tienes.

Recuerda que lo que hagas en el futuro sigue siendo increíblemente importante.

Al rastrear también te estás volviendo más consciente de dónde pasas tu tiempo. Esto no es algo para hacer únicamente al principio, mantenlo durante unos meses para que puedas analizarte continuamente. Es fácil ser muy estricto/a en los primeros días de implementación de un nuevo plan, pero luego, en la quinta semana, las cosas se vuelven un poco más relajadas; para evitarlo puedes hacer un análisis trimestral de tu propia productividad, tal como lo haría una empresa.

Puede parecer algo un poco ridículo y demasiado estricto para hacer con cosas como el tiempo personal, pero el punto no es cortar esos momentos: el descanso sigue siendo algo que debe programarse. Divertirte con amigos, ir de compras, salir a comer, ver televisión, etc., son cosas que aún tendrás en tu vida. El punto no es intentar cortar esta parte, sino identificar todos estos aspectos y encontrar una manera más adecuada de incluirlos en tu horario, en lugar del método improductivo que podrías estar utilizando ahora.

Identifica aquello que dispara tus impulsos

¿Qué distracciones te generan un impulso que te resulta demasiado difícil de superar? ¿La notificación en tu teléfono para revisar tus chats?, ¿el deseo de seguir viendo un episodio más de tu serie favorita cada vez que llegas al momento de suspenso final? Imagina que tu concentración es como una tarjeta de crédito con un límite determinado y cada distracción es como un pequeño cargo: te estás quitando un tiempo que podría gastarse en otro lugar.

El arte del autocontrol consiste en reconocer cuáles son esos impulsos y ser lo suficientemente fuerte para evitarlos, pero es mucho más fácil condensarlo en unas pocas palabras que implementarlo en tu vida. Estos impulsos parecen estar fuera de nuestro control porque a veces hay desencadenantes desconocidos que están involucrados con ellos; para ganar autocontrol en primer lugar, debes saber qué es lo que estás controlando.

Los disparadores de impulso están en todas partes, sentados al otro lado de la habitación: son las pequeñas notificaciones que se activan en tu teléfono, son los pequeños mensajes que ves y que deseas recibir durante el día… Una distracción es cualquier cosa singular que atrae tu atención desde donde debería estar hacia otra parte.

Puede que estas distracciones ni siquiera conduzcan a la procrastinación por sí mismas, por ejemplo, es posible que estés sentado/a trabajando y luego escuches una notificación en tu teléfono referente a un correo electrónico. Podría ser un correo electrónico promocional que no tiene importancia alguna, pero aun así, ese correo te recuerda que debes responder al mensaje de texto que recibiste hace 10 minutos. Dejas de trabajar, respondes al mensaje de texto y luego te das cuenta de que una aplicación de cualquier red social ya está abierta en tu teléfono… Luego pasas 15 minutos revisándola.

La distracción inicial fue el correo electrónico, pero eso llevó a una cadena de eventos que te alejó de donde debería estar tu enfoque. Cualquier distracción suele generarnos un impulso que nos guía a la acción. Para superar esto y fortalecer la capacidad de decirte no a ti mismo/a, primero reconoce cuál es ese impulso, ¿qué provoca esta distracción?

A veces, esto incluso puede satisfacer una emoción: quizás estás sentado/a tratando de estudiar y no puedes, tu atención se dirige a cualquier cosa y ahora te has retrasado. Te sientes ansioso/a porque no estás haciendo nada, luego te das cuenta de que tu ropa está sobre la cama y debe doblarse... Bueno, eso solo tomará 10 minutos y como no estás estudiando de todos modos, decides doblar la ropa.

Tienes este impulso dentro de ti para ser productivo/a y esta necesidad emocional que buscas satisfacer mediante el acto de hacer algo productivo. Como no puedes estudiar, estás distraído/a con otra cosa (la ropa) y ese impulso (ser productivo/a) requiere que actúes (doblar la ropa). Fíjate cuál es tu distracción y te dirá cuál es ese sentimiento o impulso que tienes dentro de ti.

Tienes que pensar en los desencadenantes internos que experimentas también, podrían ser destellos de memoria que tengas.

Tal vez de repente pienses en que no has pasado suficiente tiempo con tu mamá; podrías fácilmente enviarle un mensaje de texto dentro de tres horas cuando hayas terminado de trabajar, pero sientes que tienes que hacerlo ahora mismo para superar ese impulso interno.

. . .

Los impulsos internos son cosas simples como tener hambre, tener que ir al baño y sentirte cansado/a. A veces, parece que requieren una acción en este momento, aunque podrían esperar 10, 20 o 30 minutos. Si bien pueden tardar solo unos minutos en resolverse, como tomar un refrigerio o ir al baño, estas acciones también podrían conducir a una cadena de nuevas distracciones, por lo que es mejor mantener tu atención pegada a donde está.

Quieres reconocer esos impulsos para poder enfrentarlos y hablarte a ti mismo/a, recordarte que podrás ir al baño en 5 minutos, comer dentro de 20 minutos y así sucesivamente. Tus impulsos internos pueden ser difíciles de superar porque están biológicamente generados para darnos una alerta.

Es difícil concentrarte cuando tienes hambre, tu cuerpo te está diciendo que necesita comer ahora mismo, sin embargo, el tiempo para comer comienza dentro de 30 minutos.

Lo que puedes empezar a hacer es convertir estos impulsos en disparadores de enfoque. Recuerda: *"sí, tengo hambre, pero puedo comer en 20 minutos. No puedo ir a hacerlo ahora o de lo contrario va a arruinar todo mi horario".* Puedes utilizar ese estímulo para trabajar más rápido y luego, tal vez intentes completar la tarea en menos de 20 minutos, recompensándote mediante la satisfacción de tu impulso. Observa estos factores desencadenantes y será más fácil reconocer cómo superarlos.

Evita las redes sociales

¿Qué papel juegan las redes sociales en tu vida? Éstas cumplen con un propósito para todos aquellos que las tienen.

Algunas personas las usan para trabajar porque les gusta conectarse con los demás y generar contactos, a otras personas les gusta usarlas solo para asuntos personales, a algunos otros solo les gusta estar actualizados con las noticias y lo que sucede en la vida de sus amigos. Empieza a cuestionarte cuál es el papel de las redes sociales para ti, ¿por qué las disfrutas?

No tienes que tener las mismas razones que los demás, pero es importante comprender qué hacen las redes sociales por ti para que podamos considerar cuánto tiempo deberías dedicarles. Para reflexionar sobre las redes sociales y el papel que desempeñan en tu vida, comienza por comprender qué tan activo/a eres en las diferentes plataformas: ¿eres el tipo de persona que tiene más de cinco cuentas en redes sociales diferentes?, ¿inicias sesión constantemente en varias plataformas?

. . .

A algunas personas solo les gusta tener una plataforma de redes sociales y a algunas personas les gusta tener un perfil en cada tipo de red.

Considera si esto es beneficioso para ti o si es hora de comenzar a reducirlas. ¿Puedes condensar tus cuentas?, ¿te conectas con personas en algunas aplicaciones que no puedes contactar en otras? A menudo, podemos conectarnos con las mismas personas en la misma plataforma si elegimos sabiamente.

Otra cosa que deseas hacer en tu reflexión es reconocer en qué dispositivos las usas con más frecuencia. Algunas personas acceden en las computadoras de su trabajo, otros revisan sus teléfonos con frecuencia, o tal vez cuentes con alguna tableta electrónica. Independientemente de tus dispositivos, observa las aplicaciones que has descargado y la fácil accesibilidad que te proporcionan para que puedas ingresar continuamente.

Si notas que usas las redes sociales únicamente en tu teléfono, elimina esa opción. Elimina las aplicaciones y, en su lugar, usa solo una computadora de escritorio o una computadora portátil para ingresar. Si no eres el tipo de persona que se sienta frente a una computadora con tanta frecuencia, es menos probable que te quedes sentado/a durante horas navegando en las redes sociales.

También debes reconocer que las redes sociales están

diseñadas para que ingresemos constantemente.

También distraen porque siembran ideas a lo largo de tu vida que se pueden activar más adelante. Por ejemplo, tal vez estés sentado/a mirando por la ventana aunque deberías prestar atención en clase, porque estás pensando en cómo necesitas ir más de vacaciones.

Todas las personas con las que te graduaste de la escuela secundaria se van de viaje a todas partes, y aquí estás tú, sentado/a en clase, aburrido/a y solo/a. Estas redes pueden provocar fantasías, inseguridades, comparaciones y otros patrones de pensamiento poco saludables que nos distraen continuamente.

Son muy difíciles de evitar porque nos brindan una gratificación instantánea; siempre hay contenido nuevo para ver, incluso si tus amigos y familiares personales no están publicando. Puedes mirar perfiles públicos, es algo global y siempre estarán ahí, lo que significa que tienes una distracción constante.

Es mejor comenzar a programar estos momentos a lo largo del día en lugar de mantener cerca tu teléfono y sacarlo cuando lo desees. Establece bloques de tiempo que puedas utilizar para revisar tus redes, incluso podrías darte dos horas al final de cada día. ¡Puedes descubrir que en realidad es menos tiempo del que estás gastando ahora! Si ingresas varias veces en una hora durante 5, 10, 15 o más minutos, se suman rápidamente. A pesar de que una hora o dos seguidas se sienten como mucho para dedicar a las redes sociales, puedes descubrir, después de registrar tu tiempo, que en realidad es mucho menos.

Guarda tu teléfono

¿Qué es lo más aterrador de no tener un teléfono a la mano? Todos sabemos que guardar nuestros teléfonos es el mejor método para eliminar las distracciones. La parte más difícil es que puede resultar muy incómodo, pero la mejor manera de evitar las redes sociales es guardar el teléfono. El primer paso a tomar es guardarlo físicamente, apágalo y ponlo en un cajón o guárdalo en un armario.

Pensamos en nuestros teléfonos como en nuestro corazón o cerebro, creemos que simplemente no se pueden apagar y guardar, es casi como una parte del cuerpo que tememos apagar. Tu teléfono está diseñado para apagarse y encenderse, ¡así que usa esta función!

Apágalo, ponlo en el gabinete de tu cocina al otro lado de la casa si es necesario. Puedes ponerlo en modo avión para que puedas recibir correos electrónicos a través de Internet, pero no necesariamente llamadas telefónicas o mensajes de texto.

· · ·

También puedes elegir las notificaciones que activas para tu teléfono, muchas personas activarán automáticamente las notificaciones, pero debes elegirlas con cuidado. Deberías desactivar todas las notificaciones si puedes, pero eso asusta a algunas personas. ¿Qué pasa si pierdes un mensaje de texto o un correo electrónico importante? ¡Ese es el punto de programar momentos para revisar tu teléfono!

Considera bloquearlo si es necesario.

Muchos teléfonos se pueden bloquear durante minutos u horas mediante aplicaciones o incluso si ingresaste el código de acceso incorrectamente, haz esto con tu teléfono para que sea más sencillo dejarlo de lado.

También hay muchas aplicaciones que ayudan a rastrear el uso de tu teléfono para saber cuánto tiempo lo has estado usando, por lo que puedes utilizarlas al final del día para ver qué tanto de tu productividad se ha destinado a estos momentos de distracción.

Debes considerar tener más relojes en la casa para verificar la hora, mucha gente sacará su teléfono para verificar la hora, luego verá una notificación y se distraerá. Tener un reloj significa que no tienes que sacar tu teléfono pero eres capaz de comprobar la hora.

Otro gran consejo es configurar la pantalla de tu teléfono en blanco y negro. Tener menos colores en la pantalla puede hacer que ésta sea menos interesante para nosotros, por lo que incluso cuando estés sentado/a desplazándote por las redes sociales, es menos probable que te enajenes en ellas.

Cuando salgas con otras personas que tengan teléfono, puedes dejar el tuyo en casa. Si hay una emergencia, las personas aún podrán comunicarse contigo a través de otros, por lo que no debes tener ese miedo a perderte algo importante.

No tienes que tirar tu teléfono desde un edificio de 20 pisos o atropellarlo con un tractor para dejar de ingresar a redes sociales. Puedes eliminar fácilmente esta parte de su vida prestando atención al énfasis que está poniendo en él ahora y dando pequeños pasos para separarte de él.

Crea una zona libre de distracciones

¿Tienes un lugar donde realmente sientes que no hay distracciones? Lo mejor que puedes hacer para concentrarte mejor es crear una zona libre de distracciones, que es un lugar completamente exclusivo donde no sucederá nada más que lo que necesitas hacer. No permitirás ningún momento de distracción o dilación.

Debe ser un espacio físico exclusivo, como una oficina, o incluso la esquina de tu habitación.

Tu cerebro se acostumbra a reaccionar a diversos entornos. Si te metes en la cama y te pones las mantas, le estás diciendo a tu cerebro que es hora de irse a dormir porque esta es la actividad asocias a esa acción. Cuando estás en la cocina junto a la nevera, tu cerebro te dice que abras la nevera y veas qué puedes comer. Cuando estás sentado/a en el sofá viendo la televisión, tu cerebro te dice que tomes un bocadillo.

Quieres entrenar a tu cerebro para concentrarse en este espacio exclusivo, luego, cuando te sientes en tu escritorio, tu cerebro te dirá que es hora de trabajar. Debe ser un lugar de alta energía, con un ruido limitado y algunas distracciones visuales. No querrás usar una habitación de concreto con una sola luz colgando del techo y nada más alrededor, porque esto puede ser sombrío y aburrido, es posible que tu cerebro no pueda evitar concentrarse tanto en la habitación que te distraigas aún más con tu propia mente.

Puedes tener pequeñas cosas que te mantengan atraído/a, como notas adhesivas, carteles de motivación, elementos decorativos y cosas por el estilo.

Lo importante al final del día es que el desorden se reduce, provoca mucha energía y sentimientos positivos, y te proporciona exclusividad. No pases el rato en este espacio, no comas bocadillos en este espacio, no mires otras cosas, no revises tu teléfono y no hagas nada más que trabajar para entrenar a tu cerebro en estar libre de distracciones. Hazlo una regla estricta para que nunca te vuelvas indulgente con la atención que estás poniendo en dicho espacio.

2

Los peligros de hacer múltiples tareas a la vez

LA MULTITAREA (*MULTITASKING*) ES INEFICAZ, nuestros cerebros no están diseñados para enfocarse en varias cosas a la vez. Tenemos sentidos que nos ayudan a captar el ruido de fondo y aún puedes hacer cosas como escuchar a otras personas mientras lees o escribes, sin embargo, nos presionamos demasiado para hacer ocuparnos de diferentes asuntos a la vez.

Yo siempre buscaba maneras de realizar múltiples tareas. Hacer dos tareas a la vez era normal para mí, así que mis objetivos eran hacer tres o cuatro cosas o más. Lo que no veía era que estaba constantemente abrumado, porque siempre estaba buscando formas de ocuparme de tanto como fuera posible.

Muchas de mis tareas eran cosas que hacía en piloto automático y era fácil para mí juntarlas porque lo había hecho muchas veces antes, sin embargo, cada vez que intentaba algo nuevo o hacía algo que requería mi atención completa, me resultaba más difícil concentrarme por completo. Me daba cuenta de que estaba olvidando cosas, equivocándome y pasando por alto aspectos importantes.

No todo el mundo se prepara para el fracaso mediante la multitarea, de hecho, hay algunas personas que lo hacen bien, pero esto es raro. Para saber si eres uno de los pocos que puede realizar múltiples tareas o no, prueba un ejercicio rápido. Para empezar, proponte cinco ecuaciones matemáticas diferentes, un poco más avanzadas que tu nivel de habilidad: si algo como 56 - 34 es realmente fácil, piensa en algo un poco más desafiante. No te daré ejemplos ahora, porque inmediatamente intentarás resolverlos. Haz esto por tu cuenta antes de comenzar la otra tarea.

La segunda tarea requiere que encuentres cualquier video que desees que tenga una duración de aproximadamente 15 segundos, y que lo memorices literalmente. Mientras intentas resolver los problemas matemáticos, trata de memorizar también lo que dice el video.

Reproduce el video hasta cinco veces para intentar memorizar las frases exactas que alguien está usando. Una vez que hayan transcurrido esas cinco repeticiones y hayas logrado terminar los problemas matemáticos, reflexiona sobre tus habilidades para realizar múltiples tareas: ¿pudiste resolver al menos uno y recitar parte del mensaje?, ¿podrías concentrarte solo en una tarea u otra? Puedes probar cada tarea por separado para ver si eres más rápido/a de esta manera o si la multitarea es lo mejor para ti.

Si pudiste resolver algunos de los problemas matemáticos y memorizar el video, eres capaz de realizar múltiples tareas. Es probable que tengas un alto nivel de concentración si logras hacer esto. Sin embargo, la mayoría de nosotros no podríamos realizar este ejercicio.

El hecho de que no seas un/a genio en el *multitasking* no significa que no puedas seguir siendo productivo/a. Todos hacemos las cosas de manera diferente, y siempre que el resultado sea el mejor posible, el proceso que se necesite para completar algo no importa cuando llegues ahí. No compares tu éxito con el de otras personas, concéntrate en el mejor método posible para hacer algo por tu propio bien.

Como mencioné al principio de este libro, es probable que te hayas estado preparando para el fracaso debido a tu incapacidad para tener autocontrol. Este es un problema que has creado, por lo que ahora es momento de que lo resuelvas, y no puedes hacer eso si estás copiando textualmente los pasos de otra persona hacia el éxito. Nuestras historias son diferentes, lo que significa que la forma en que las contamos también lo es.

Comprenda por qué desea realizar múltiples tareas

. . .

Cuando estamos estresados por algo, nuestro cerebro se concentrará en encontrar una solución.

El cerebro se calma a sí mismo: cuando tenemos un problema que necesita ser confrontado, como el estrés, tu cerebro va a buscar la manera de superarlo. Cuando tu cerebro quiere realizar múltiples tareas, generalmente se debe a un intento de aliviar algún tipo de estrés.

Si estás sentado/a mirando una lista de cosas por hacer llena de 15 tareas diferentes, tu cerebro te dirá que hagas todo lo que puedas a la vez. Nuestros cerebros pueden ser muy impacientes, se requiere entrenar a tus impulsos para ayudar a enfocar nuestro tiempo. Tu cerebro te está diciendo que hagas varias tareas a la vez porque está convencido de que combinar estas tareas es la mejor manera de deshacerte del estrés rápidamente.

Nuestro cerebro no siempre piensa lógicamente, así que ahí es donde debes entrar y preguntarte: *"¿soy realmente mejor haciendo tareas múltiples?"* La multitarea surge por la misma razón por la que evitamos o postergamos cualquier otra cosa. Si las tareas son aburridas, buscamos realizar múltiples tareas para aligerarlo, por ejemplo, doblar la ropa mientras miras televisión es una excelente manera de realizar tareas múltiples.

Sin embargo, si comienzas a llevar eso a un nivel extremo con el trabajo, puedes terminar dividiendo tu enfoque y no prestando atención a lo que más lo necesita.

A menudo, la multitarea ocurre porque no tenemos suficiente tiempo. Si pospones algo durante demasiado tiempo, o si simplemente le diste suficiente tiempo al principio, la multitarea puede parecer una forma de hacer las cosas más rápido. Desafortunadamente, esto acaba dejándonos incapaces de concentrarnos en las cosas que realmente necesitamos, porque nuestro enfoque se extiende entre dos cosas y eso crea un mayor margen de error.

Imagina que estás devolviendo llamadas telefónicas y respondiendo correos electrónicos al mismo tiempo, es lunes por la mañana y tus mensajes se han acumulado.

No querrás que esto te lleve todo el día porque entonces estarás retrasado/a por el resto de la semana, así que decides realizar múltiples tareas para terminar todo antes del almuerzo.

Mientras suena el teléfono, estás revisando tus correos electrónicos, tratando de revisarlos.

Una vez que cuelgas el teléfono, envías inmediatamente un correo electrónico y luego realizas otra llamada telefónica. Estás yendo y viniendo entre los correos electrónicos y las llamadas telefónicas porque parece que los estás dominando.

Te toma dos horas responder a todos y comunicarte quien necesitas para ese día. Sin embargo, considera qué pasaría si no hubieses hecho todas esas cosas a la vez. Al responder todos los correos electrónicos a la vez, podrías revisarlos y responder rápidamente, sin tener que leerlos u hojearlos varias veces para lograr entenderlos. La primera vez que puedas dedicar efectivamente hasta el último gramo de tu enfoque para revisar esos correos electrónicos, podrías terminarlos en 30 minutos.

Luego, con las llamadas telefónicas, puedes concentrarte y ser más directo/a con sus respuestas, y lograrlas en 45 minutos.

Redujiste mucho tiempo que habrías gastado dividiendo tu enfoque, si hubieras continuado con las tareas múltiples.

Queremos realizar múltiples tareas porque queremos sentirnos mejor, queremos sentirnos realizados y a gusto con nosotros mismos. Desafortunadamente, queremos hacer tantas cosas que terminamos auto-saboteándonos en el camino. Date cuenta de cuánto tiempo pierdes cuando intentas realizar múltiples tareas y, en cambio, céntrate en cómo puedes dar el 100% a todo lo que haces.

· · ·

Categoriza tus tareas

Un mejor método para terminar las cosas es categorizar tus tareas. Esto comienza creando una larga lista de tareas pendientes – ¿qué implica todo lo que hay que hacer hoy? No importa en qué orden las pongas, tampoco tienes que establecer un límite de tiempo todavía.

Soy una persona que ama la organización. Me di cuenta de que había dos pasos para crear un horario más realista y personalizado:

1. Escribir tu lista de tareas pendientes
2. Crear diferentes categorías

Sin siquiera darme cuenta de que ya había estado categorizando mis tareas, comencé a hacer un seguimiento de mi tiempo para ver dónde podía ser más eficiente y mientras lo hacía, noté que a menudo programaba cosas que me gustaban y cosas que no me gustaban en diferentes momentos del día.

Por lo general, reservaba las cosas que no me gustaban para primera hora de la mañana, porque quería sacarlas del camino; quería dejar lo mejor para el final y terminar por completo con todo. Lo que pasó con esto fue que creé una división en mi día: a menudo procrastinaba y me sentía malhumorado por la mañana porque tenía que hacer cosas que realmente no quería y en realidad nunca llegaría a esas cosas que me gustaba hacer hasta más tarde en el día.

Si bien las últimas eran las tareas más agradables, terminaba resintiéndolas porque estaban ocupando parte de mi tiempo libre.

Por ejemplo, odiaba hacer cosas formales básicas como pagar mis facturas, enviar correos electrónicos y programar citas. Disfrutaba más trabajar con mis manos y organizar mi casa. Lo que estaba haciendo al programar las peores tareas por la mañana, era hacerme más difícil comenzar el día; no tenía nada por lo que emocionarme justo al despertar. Esas tareas fáciles entonces se sentían menos significativas conforme avanzaba el día y tomaban el tiempo que quería dedicar a leer, ver televisión o salir con amigos.

Rompí estas categorías y reorganicé mi agenda, ahora suelo organizar mis tareas de acuerdo al tiempo que pueden tardar porque facilita el uso eficiente de mi tiempo. Todavía etiqueto mis tareas como las que me gustan o no me gustan para luego asegurarme de haberlas distribuido a lo largo del día en lugar de todas a la vez.

Esas pequeñas tareas a lo largo del día que disfruto haciendo también me ayudan a sentirme mejor conmigo mismo, incluso si son simplemente doblar la ropa y guardarla. Me hace sentir más productivo, por lo que cuando tengo que hacer cosas más difíciles ya me siento realizado en el día, entonces no estoy tan ansioso por lo que estoy o no estoy haciendo.

Mientras creas tu propio horario, considera estas categorías y juega con lo que funcione para ti:

La primera categoría que debes considerar es el tiempo. Puedes separar todas estas tareas entre lo que llevará cinco minutos y lo que llevará una hora o más. La limpieza es algo que todos hacemos y con lo que a menudo podemos relacionarnos, tus tareas de limpieza se pueden dividir entre las que toman cinco minutos y las que demoran un poco más. Revisar la casa y recoger la basura tarda unos 15 minutos, solo necesitas agarrar una bolsa de basura y el contenedor de reciclaje e ir a las diferentes habitaciones a recoger cosas.

Después de eso, tienes ropa para lavar y la lavandería es algo que se puede dividir en diferentes tareas para ayudarte a categorizar mejor. Por ejemplo, lo primero es recoger la ropa, tienes que ir a tu dormitorio, y tal vez a los dormitorios de tu familia, para recoger toda la ropa sucia. Luego está llevar la ropa a la lavadora y moverla a la secadora, todo por separado. Después, tienes que doblar la ropa y esto incluye planchar o colgar. Luego tienes que guardarlo, colocándolo en cajones o colgándolo en el armario.

· · ·

Divide todas estas tareas, porque incluso si entran en la misma categoría después de haberlas completado, eso está bien y puedes hacerlas todas a la vez; sin embargo, si descubres que puedes agregarlas y agruparlas a otro tipo de tareas al mismo tiempo, eso es aún mejor.

Otra categoría puede ser la ubicación o la geografía: ¿son estas tareas en el interior o en el exterior?, ¿involucran solo un cuarto o es algo que tienes que hacer en toda la casa? Por ejemplo, solo lavas el inodoro cuando estás en el baño, sin embargo, probablemente recojas la ropa sucia en todas las habitaciones, y eso podría incluir el baño.

Al categorizar, considera el atractivo de estas tareas.

Fregar el inodoro no es divertido y, por lo general, a la gente no le gusta hacer esto; guardar la ropa no es tan importante para los demás. Tal vez eres el tipo de persona que prefiere fregar el baño que ocuparse de cualquier tipo de ropa, así que organiza tus tareas según lo que te gusta hacer y luego lo que no te gusta hacer.

Una vez que hayas creado todas estas categorías, puedes revisarlas y establecer prioridades. Esto también se basará en preferencias personales y en lo que tienes que hacer en un día; puede que seas el tipo de persona a la que le gusta dejar lo mejor para el final y acabar con todas las cosas malas primero. Tal vez no tengas motivación si comienzas con una tarea difícil, por lo que necesitas facilitar el camino comenzando con las cosas más fáciles.

Comienza con algo que te guste y que pueda proporcionarte motivación, algo que te haga sentir bien contigo mismo/a; de modo que cuando tengas que enfrentar esas tareas que no te gustan, sea más fácil terminar con ellas.

Es importante relacionar al autocontrol con la categorización porque tienes que ser honesto/a contigo mismo/a, especialmente cuando separas las tareas por el tiempo que toman. Podrías pensar que solo te lleva 10 minutos lavar los platos, pero tal vez en realidad te lleve 30. No siempre es fácil admitir que algunas de estas tareas aburridas o aparentemente sin sentido nos llevan más tiempo, pero eso puede retrasar tu horario si no estás siendo realista.

También debes tener autocontrol para realizar estas tareas y darte cuenta de que son importantes. A veces, puedes clasificar las cosas por su nivel de importancia y luego decidir eliminar por completo las cosas que no son importantes. Sin embargo, debes ser honesto/a contigo mismo/a y comprender si estas cosas realmente deben completarse o no.

Haz que las tareas sean más interesantes

· · ·

A veces, las tareas pueden abrumar porque son aburridas. Esto es especialmente cierto con muchos de nuestros proyectos de trabajo o tareas académicas. Es posible que no tengas absolutamente ninguna pasión por hacer la tarea, pero tampoco tienes opción de realizarla o no. Lo primero que debes hacer para que tus tareas sean más interesantes es averiguar por qué son aburridas, ¿son realmente aburridas y poco interesantes, o es algo que los demás dicen?

Por ejemplo, piensa en una tarea sobre historia, tal vez tengas que escribir un artículo y realizar una investigación sobre un periodo de tiempo específico. La historia a menudo puede ser un tema aburrido para muchas personas, por lo que es fácil querer descartar todo tipo de historia por falta de interés. Desafortunadamente, esta perspectiva puede mantenerte limitado/a y evitar que realmente completes un proyecto.

En su lugar, sumérgete en esta investigación y busca cosas que sean interesantes para ti a nivel personal.

Encuentra algún interés especial dentro de esta tarea y descubre cómo puede brindarte más información; toma la tarea real que debe completarse y en lugar de intentar hacerla interesante, encuentra el interés que ya está ahí.

. . .

Si estás realizando un proyecto sobre un periodo de tiempo determinado, busca en internet cualquier audiovisual que se haya creado sobre éste. Tal vez sea un programa de televisión o una película. Incluso si algo está dramatizado, al menos podría despertar tu interés en el tema y a partir de ahí, podrías leer más sobre la diferencia entre el programa y el tema, lo que podría generar más curiosidad para investigar.

Realiza competencias para las tareas poco interesantes.

Esto puede ser contigo mismo/a o con un compañero de trabajo o de clase. Fíjate plazos extremos y haz una carrera, tal vez retes a un compañero de trabajo para ver quién puede hacer más llamadas en una hora o quizás sea una competencia para ver quién hace su tarea más rápido con un compañero de clase.

Podrías tener un premio establecido al final, como que la otra persona tenga que comprar bebidas para ambos.

También puedes hacer estas competencias contigo mismo/a. Cada vez que completes una tarea, observa cuánto tiempo tomó y desafíate a superar ese tiempo la próxima vez. Tal vez te des una semana, y si cumples con ese plazo, al terminar te comprarás una recompensa. A medida que completes la tarea, en lugar de pensar en lo aburrido que es, te concentrarás en hacerla lo más rápido posible. Tener una recompensa al final te da algo que esperar. Si estás completando una tarea aburrida o sin sentido, al menos estás pensando en algo emocionante e interesante en tu mente.

Espacios interesantes

Imagina que tienes una gran tarea que hacer. Ya procrastinaste unos días y te llevará mucho más tiempo de lo que pensabas. Ya sea que estés en la escuela o no, todos podemos relacionarnos con la presión de una tarea abrumadora.

Imagínate tener que completar esta tarea en una habitación blanca, sin cosas interesantes para mirar y con una luz fluorescente demasiado brillante que te aturde.

Ahora imagínate poder hacer esto en una habitación acogedora llena de luz cálida y carteles motivadores en la pared con citas inspiradoras para darte valor. Hay una bonita silla reclinable para largas sesiones de trabajo, puedes ajustar la altura y adaptarla a tus necesidades específicas de comodidad. Se enciende una vela con tu aroma favorito, que además emite un brillo relajante en la habitación; una bonita lámpara de sal proporciona una energía vibrante que te mantiene alerta, incluso en este entorno cómodo. Todo esto se encuentra en la parte superior de un hermoso escritorio de madera que te conecta con la naturaleza, y estás mirando unas bonitas plantas verdes, nada más en la habitación te distrae.

. . .

¿En qué entorno crees que será más fácil realizar una tarea? El entorno en el que trabajas es fundamental para tu productividad.

Si nuestra habitación está en blanco y vacía, se torna demasiado insípida, hasta el punto en que permite que tu mente divague.

El estilo de cada persona es diferente, pero no pases por alto este factor importante ya que estás creando un espacio más interesante para ti. Cambia uno de tus sentidos cada vez que estés haciendo algo aburrido, por ejemplo, cambia visualmente tu ubicación. En lugar de sentarte en tu escritorio leyendo algo, ¿puedes leer afuera?, ¿puedes cambiar tu vista? Quizás si trabajas desde casa, puedes leer desde tu habitación en lugar de en la oficina.

Piensa en el sonido, ¿puedes poner música?, ¿puedes bailar mientras haces esta tarea?, ¿puedes cantar mientras completas tus tareas? Piensa en el gusto, ¿puedes comer un bocadillo mientras terminas la tarea?, ¿es algo que se puede hacer cuando sales a tomar un café o un té? Incluso cambiar algo pequeño como encender una vela o sentarte en un lugar más cómodo puede ser suficiente para agregar interés.

Si estás distraído/a y enfocado/a en la tarea aburrida todo el tiempo, simplemente te estás sumiendo en el aspecto del aburrimiento. En su lugar, cambia tus sentidos para obtener una nueva perspectiva sobre esto y darte cuenta de que puede ser interesante.

Prueba pequeños sprints

Apresurarte o hacer *sprints* durante tus proyectos es una manera maravillosa de agregar una presión más intensa para completarlos al final. Un pequeño *sprint* sería cuando agrupas tus tareas y las eliminas lo más rápido posible. La mejor forma de trabajar es dentro de un ciclo de 90 minutos, al final de estos 90 minutos te tomas un descanso de unos 15 minutos.

El ciclo de 90 minutos también tiene sus propios descansos. Así funciona:

- Trabajando durante 15 minutos
- Descansando durante 5 minutos
- Trabajando durante 25 minutos
- Descansando durante 5 minutos
- Trabajando durante 25 minutos
- Descansando durante 15 minutos

Básicamente, tienes una porción de 20 minutos, otra porción de 30 minutos y luego una final de 40 minutos. Si bien el trabajo es más corto al principio, cada descanso también se alarga un poco más. Puedes realizar un seguimiento de tu progreso, ir al baño, comer un refrigerio o hacer algunos estiramientos ligeros.

En el primer ciclo de esos 90 minutos, realmente estás comenzando, te estás poniendo en marcha y superando todos esos sentimientos de procrastinación que podrían estar impidiéndote terminar. Luego, en esos descansos de cinco minutos, te detienes y disminuyes la velocidad, dándote una pequeña recompensa por comenzar. En 30 minutos ya has completado una gran cantidad de trabajo con algo de tiempo para recuperarte.

En los siguientes 25 minutos, ya te sientes motivado/a porque pudiste lograr algo en la primera sección. Estás más involucrado/a en la tarea que estás completando, por lo que es más fácil mantenerte concentrado/a. Luego, tienes otros cinco minutos para calmarte, comer algo, ir al baño y recuperarte nuevamente.

Finalmente, en el último ciclo de 25 minutos, lo estás dando todo. Esta es tu última oportunidad de terminar una tarea antes de recompensarte con un descanso más importante. Luego, puedes tomar 15 minutos o puedes ir más allá de los 90 y tomar 30 minutos para hacer cualquier otra cosa, como simplemente caminar afuera y recuperar el aliento o incluso intentar tomar una siesta rápida. Puedes meditar, puedes practicar la atención plena, preparar la cena, cenar, darte una ducha, ver algunos videos divertidos, enviar mensajes de

texto a tus amigos y puedes hacer todo lo que quieras en
este descanso final.

Luego puedes volver a otro ciclo de 90 minutos. Puede
parecer que te estás tomando muchos descansos, pero en
realidad estás trabajando muy duro durante un poco más de
una hora. Dentro de los *sprints*, te estás concentrando y
controlando la situación por completo, puedes ver tus tareas
y darles todo lo que tienes. Es fácil desconectarse y esfor-
zarse durante estos 25 minutos porque sabes que no van a
durar para siempre.

Si te dices a ti mismo/a que tienes que correr durante
las próximas dos horas, te abrumas. Cualquier cosa puede
pasar en dos horas, por lo que no querrás tener regalar
tanto tiempo solo para eso, parece mucho.

¿Realmente puedes pasar dos horas sin revisar tus redes
sociales o sin mirar tu teléfono? Por supuesto que puedes,
pero a veces esa voz en la parte posterior de nuestra cabeza
nos dice que no podemos, lo que hace que sea más fácil
posponer las cosas. Prueba estos pequeños *sprints* y descubrirás lo fácil que es hacer las cosas rápidamente.

Prueba las tareas múltiples de manera subconsciente

No debes realizar múltiples tareas para cosas muy importantes, sin embargo, cuando realmente estás tratando de

concentrarte, puedes realizar tareas múltiples para aumentar tu concentración, haciendo cosas como masticar chicle. El *multitasking* puede ser algo beneficioso si una tarea puede ayudarte a mejorar la otra.

Por ejemplo, antes mencionamos doblar la ropa mientras ves la televisión. Para algunas personas, doblar la ropa en una habitación silenciosa y vacía puede ser aburrido, puede ser difícil concentrarte en la tarea y tal vez pienses en un millón de otras cosas que podrías hacer mientras estás sentado/a doblando la ropa.

Puede ser fácil postergar esta tarea porque estás aburrido/a y no te interesa. Sin embargo, si te dejas caer frente al televisor con una gran pila de ropa sucia, será mucho más fácil hacerlo. Estás haciendo tareas múltiples pero al final te estás ayudando a ti mismo/a, porque es más fácil terminar la tarea.

Una tarea múltiple subconsciente sería algo como chupar una menta mientras estudias. Cuando vayas a hacer la prueba, puedes chupar el mismo sabor a menta, y eso hará que sea más fácil recordar lo que estudiaste, ya que tu cerebro inconscientemente ha hecho esa asociación. A veces, poner todo tu enfoque y atención en una tarea es difícil, porque puedes no reflexionarlo.

· · ·

Es fácil descartar una tarea porque no parece que esté ayudando efectivamente a tu mente. Por ejemplo, hacer ejercicio puede resultar muy difícil para muchas personas; si no tienes una gran capacidad de concentración para centrar 30 minutos de tu día en hacer ejercicio, puede ser muy difícil motivarte para ir al gimnasio. Es posible que odies la limpieza por la misma razón, suele ser una actividad que no reflexionamos, sino que simplemente hacemos con el cuerpo.

Si tu mente divaga demasiado, eventualmente convencerás a sus pies de hacer lo mismo. Es por eso que las tareas múltiples subconscientes ayudarán, porque llenan ese ruido de fondo que te impide terminar las tareas. Cuando estás lavando platos y eso te lleva 30 minutos, es posible que estés lavando cada plato individualmente pensando para ti mismo/a *"no tengo tiempo para hacer esto"*. Cuando tienes tantas tareas, tu cerebro no es paciente, y esa impaciencia hace que te desanimes de la tarea. Tal vez te digas *"bueno, no tengo que lavar los platos ahora mismo, necesito volver al trabajo"* y entonces vas a trabajar, pero te estresas porque tu casa sigue siendo un desastre. Puede ser un ciclo sin fin.

Nuestra ansiedad nos vuelve esporádicos con las tareas porque solo queremos terminar las cosas. Queremos sentirnos realizados y que se alivie ese estrés, por lo que nos aferramos desesperadamente a algunas tareas. Al agregar algo a tu subconsciente que llene esos pensamientos ansiosos, te será más fácil concentrarte. Es por eso que hacer algo como hablar por teléfono, ver videos o incluso configurar un televisor frente a una caminadora podría ser la clave para hacer ejercicio.

Escuchar *podcasts* y audiolibros mientras limpias puede hacer que tus pensamientos estén más enfocados y te sientas realizado/a: no solo limpiaste la casa, sino que también escuchaste un libro completo. Puedes hacer llamadas telefónicas y ponerte al día con amigos y familiares mientras estás organizando tu armario; incluso puedes reproducir videos o *podcasts* para aprender un nuevo idioma mientras te sientas y coses, tejes o haces otra cosa con las manos.

Siempre que las tareas ocupen diferentes partes de tu cuerpo para ser completadas, puedes emparejarlas para mantener mente, cuerpo y alma enfocados en lo más importante.

Estás aumentando tu autocontrol al dejar ir esos pensamientos ansiosos que te dicen que pases rápidamente de una tarea a otra. La presión y la ansiedad que secuestran tu atención se pueden aliviar ahogándolas con otra cosa.

3

Aprende a establecer prioridades

Si bien es posible que no puedas reducir tus tareas o dedicarles más tiempo, puedes comprender lo importante que es
establecer prioridades. Al priorizar las cosas correctas, se
vuelve mucho más fácil terminar con tu horario de la
manera correcta. No siempre es fácil saber qué tareas son de
suma importancia o cuándo debes comenzarlas.

¿Alguna vez alguien te ha dicho que necesitas establecer
prioridades? A menudo, no es necesariamente lo que
estamos haciendo, sino el orden en que lo hacemos. A veces
se trata de aquello a lo que estás prestando atención y
aquello que estás pasando por alto.

Yo solía ser terrible para priorizar. Odiaba hacer horarios
porque me estresaba, no me gustaba planificar las cosas
porque nunca sentía que sería capaz de hacer todo. Una vez
que me sentaba y anotaba todas mis tareas, me sentía abso-

lutamente abrumado. Mi plan de acción solía ser sentarme todos los domingos o lunes y enlistar todas mis tareas. Me gustaba intentar relajarme los domingos, pero a veces me estresaba tanto el trabajo abrumador que tenía que hacer que la única opción que tenía era crear un horario. Me sentaba y enumeraba cada pequeña tarea, poniendo cosas que sabía que tenía que hacer pero también cosas que quería hacer y cosas que probablemente debería hacer si tuviera la oportunidad.

Podría pensar en un sinfín de cosas y crear los horarios más elaborados y detallados, sin embargo, no estaba priorizando las cosas correctamente. Estaba creando un horario que solo *quería* hacer. Era un programa creado para la mejor y más perfecta versión de mí mismo, pero desafortunadamente no siempre fui lo mejor. Me gustaban los horarios por todas las razones equivocadas: no porque estuviera emocionado o feliz por ellos, sino porque creía que, al final del día, me harían sentir orgulloso de mí mismo. Quería hacer lo mejor posible.

Siempre estuve preocupado por eliminar tareas y borrar mi lista de pendientes. En realidad, no me importaba ninguna de las tareas y mucho menos completarlas, no sentía pasión, emoción ni alegría al evaluar mi lista de tareas pendientes; en cambio, me sentía como si estuviera viviendo la vida de otra persona. Yo planeaba la lista perfecta de tareas pendientes, pero una vez que llegaba el momento de realizarlas, no podía; me abrumaba tener tantas cosas que hacer.

. . .

Mi productividad aumentó rápidamente cuando supe lo que realmente significa priorizar. Un método que descubrí en mis estudios fue crear una lista con siete a diez elementos que hacer todos los días. Lo único que requiere este método es numerar los elementos de mayor a menor importancia y luego, cuando te despiertas al día siguiente, comienzas de inmediato con la tarea más importante; continúas y haces todo lo que puedas. Al final del día, haces una nueva lista. Observas las tareas que no hiciste y las agregas a la lista siguiente; estas tareas pueden ser los elementos 7-10 de la lista anterior, por lo que se convertirán en los elementos 1-4 de mañana.

Esto ayuda porque la noche anterior sabes exactamente qué debe hacerse al día siguiente. No tienes que planificar una semana estricta que podría terminar saliendo mal si una pequeña cosa toma demasiado tiempo. Implementé esto y en los primeros días rápidamente me volví más productivo.

Siempre tuve formas complejas de intentar terminar mi agenda, primero pondría lo que menos quería hacer, con la esperanza de terminarlo rápido y dejar lo mejor para el final. Pondría muchas tareas en el medio, tratando de meter todo lo que pudicra en mi agenda, agregaría cosas divertidas aquí y allá que sabía que me mantendrían interesado. En cambio, me sentía abrumado. Era como si estuviera tratando de secar mi auto mientras llovía.

. . .

Comencé a implementar este nuevo método y todo se volvió mucho más fácil. Empecé con la tarea más importante del día, trabajé en períodos fragmentados, dándome descansos entre tareas.

Durante esos descansos, a veces revisaba una lista adicional de tareas pendientes, eran como tareas de bonificación que no era necesario hacer, pero si lo hacía, me daría un pequeño impulso en la autoestima. Podría ser algo como limpiar un armario o revisar una caja de recuerdos.

Estas pequeñas tareas me llevarían cinco o diez minutos, pero luego, al final de la semana, sumarían cosas enormes. En lugar de decir *"tengo que limpiar mi armario y eso le va a quitar dos horas a mi horario"*, revisaba pequeñas secciones de mi armario durante esos mini descansos. Serían tareas fáciles y sin sentido que me mantendrían ocupado para no pensar en el trabajo.

Es posible que este método no funcione para ti o que sea tu salvación. No necesariamente voy a presionarte con ese método exacto todo el tiempo, pero hablaré sobre los principios básicos que involucran mini descansos y priorización de tareas de manera efectiva.

Comprende tus metas y valores

· · ·

¿Qué es una meta?, ¿qué significa para ti tener metas? Nunca creí realmente en las metas mientras crecía, pensaba que eran vacías, inútiles y una fantasía salvaje.

Claro, tenía metas como todos los demás, quería ganar suficiente dinero para pagar mis deudas, quería comprar una casa, ponerme en forma y conseguir un ascenso. Tenía todos estos deseos, pero estaba confundiendo mis deseos, anhelos, esperanzas y sueños con metas.

Las metas son resultados realistas que estás tratando de lograr activamente. Decir "*quiero perder peso*" es un deseo, una fantasía, una idea; pero decir "*quiero perder 10 kilos en 8 meses*" es una meta real, has establecido algunos criterios importantes. Para empezar, un objetivo como este es específico, es una situación legítima que te brinda una base sólida para comenzar.

Por supuesto, todas las metas comienzan con sueños más generales, como querer estar más delgado/a o saludable, pero después de eso, necesitas una base sólida que te permita comenzar un plan realista para lograr esas metas. Este objetivo también se puede rastrear fácilmente, midiendo si puedes o no mantenerte al día con este objetivo mientras intentas lograrlo activamente. Es realista y algo que realmente puedes lograr.

. . .

Un objetivo como *"quiero el cuerpo perfecto"* puede ser difícil porque entonces tienes que definir "perfecto".

Podrías perder 40 kilos, pero ¿eso significa que tienes el cuerpo perfecto? Si bien es bueno tener una visión de un cuerpo perfecto para motivarte durante todo el proceso, aún necesitas metas para que sea más fácil medir si estás o no encaminado.

Otro factor importante a tener en cuenta sobre este objetivo es que sea realista. Si dijiste *"quiero perder 20 kilos en 3 meses"*, tienes un objetivo completamente irreal. Potencialmente, podrías perder tanto peso si tuvieras una enfermedad crónica, te sometieras a una cirugía extrema o si tomaras otras medidas peligrosas que podrían tener efectos alternativos negativos para la salud en general.

Lo más importante de todo es que un objetivo tiene un periodo de tiempo. Puedes ajustar ese objetivo después de haber pasado una fecha límite, pero en su mayor parte, será un nuevo objetivo en ese momento.

Al establecer metas, comprender tus valores te ayudará a definir estos resultados y los medios que estás dispuesto o dispuesta a tomar para lograrlos, ¿qué valores no podrías comprometer?

. . .

Por ejemplo, tal vez estés esperando ganar un millón de dólares para tu empresa el próximo año. ¿Qué pasa si te ofrecen comprar una parte a un alto precio? Podría ayudarte a lograr ese objetivo personal, pero es posible que ese dinero no se reintegre a la empresa, o podría ayudarte a lograr más objetivos para la empresa, pero es posible que no puedas tener tanto control sobre las decisiones. ¿Es esto algo que estás dispuesto/dispuesta a comprometer para lograr una meta parcial? Tus virtudes son como tus valores o reglas.

También hay leyes personales que respetas.

Algunas personas se adhieren a lo que el sistema de justicia penal vigente dicta que es justo, podrías simplemente seguir el código penal de la ubicación geográfica en la que vives. Otros prefieren seguir estrictamente sus religiones, también puedes hacer esto, pero es preferible crear valores propios para tu comportamiento.

¿Qué es lo correcto para guiarse y en qué debes enfocar tu atención? ¿Qué hay fuera de los fundamentos morales y qué te haría sentir cómodo/a al permitir? Estas no son preguntas fáciles de responder, pero conocer tus propios ideales hace que juzgar y controlarse sea mucho más fácil. Puedes crear una base ideológica para la forma en que percibes y juzgas los escenarios en los que te encuentras.

· · ·

Actividades de mayor valor

¿Te has encontrado alguna vez haciendo algo, ya sea una tarea constante o un evento único, y te preguntaste por qué estabas haciendo eso? Se necesita un aburrimiento o incomodidad extremos para obligarse a hacer esa pregunta.

Si te lo estás pasando bien y disfrutas de los momentos que pasan, no te preguntarás *"¿por qué estoy haciendo esto?"*

Solía participar en tareas sin sentido que realmente no me proporcionaban mucha felicidad. Hacía los mismos movimientos, día tras día, despertando, yendo al trabajo, volviendo a casa, yendo a la cama, despertando, yendo a trabajar, volviendo a casa, yendo a la cama. La mayoría de nosotros conoce este ritmo continuo que nos mantiene atrapados en el mismo ciclo. No me sentía miserable, pero no estaba tan feliz como podría.

Una parte importante de esto se debió a que no me estaba cuidando. No estaba involucrando cosas en mi vida diaria que me acercaran a mis metas, solo me mantenía estancado, flotaba en la superficie y dejaba que la corriente me llevara a donde quisiera en lugar de intentar nadar a mi manera. Pasaba la mayor parte del día cumpliendo con tareas sin valor o de bajo valor.

· · ·

Conforme envejecía, me di cuenta de que mi tiempo tenía valor y yo lo estaba regalando a todas estas cosas que realmente no importaban, no estaba usando mi tiempo para algo de provecho. No siempre se trata de ser productivo/a, sino de encontrar ese valor incluso en los momentos que aparentan no tener sentido.

Simplemente sentarme en el sofá comiendo las sobras mientras veo un programa de televisión que ya he visto podría proporcionarme valor si aprovechara ese momento al máximo. Reír con un amigo mientras ambos vemos la televisión, o incluso notar algo diferente en el programa que no había visto antes, podría representar valor en esos momentos. Ahora me aseguro de incluir más actividades de alto valor en mi agenda, pero incluso cuando experimento esas actividades de poco valor o sin valor, sé cómo aprovechar al máximo esos momentos, ya no dejo que la corriente me lleve, sino que controlo a dónde voy.

A veces, todavía puedo fluir en la misma dirección que la corriente, pero sigo empujando a los que simplemente flotan.

Puede que tenga que empujar contra corriente en otros momentos, pero esto generalmente me lleva a un lugar apartado donde otras personas no se han aventurado.

· · ·

Hay tres categorías en las que se pueden priorizar las metas:

1. Actividades de alto valor
2. Actividades de bajo valor
3. Actividades sin valor

Las actividades de alto valor ayudan a acercarte aún más a tu meta. Estos son métodos, mentalidades e intentos activos para trabajar en el cumplimiento de las metas que te has fijado. Una actividad de alto valor es aquella que te proporciona ese primer salto para alcanzar tu objetivo.

No todas las actividades de alto valor están necesariamente relacionadas con tu objetivo. Por ejemplo, si deseas perder 10 kilos, obtener una membresía en un gimnasio podría considerarse una actividad de alto valor, pero también ordenar tu hogar podría serlo.

Tal vez la idea interminable de tener que limpiar la casa te haya dejado desmotivado/a, tal vez sea difícil para ti hacer ejercicio en casa debido a estas distracciones, pero no puedes pagar una membresía en el gimnasio, por lo que no haces ejercicio en absoluto. Si algo puede ayudarte activamente a acercarte más lograr tu objetivo, incluso si aparentemente se relaciona con él, puedes considerarlo una actividad de alto valor.

· · ·

Las cosas generales que todos deberíamos estar haciendo, como llevar una dieta saludable, dormir las horas adecuadas, desestresarse y hacer ejercicio, también se clasifican como actividades de alto valor.

Las actividades de bajo valor son cosas que no necesariamente te hacen productivo/a, pero aún te brindan valor personal, por lo que no son algo que debamos desechar y dejar de hacer. Si constantemente realizas actividades de alto valor durante el día, llegarás al agotamiento.

Podrías hacer ejercicio todo el día, estudiar todo el día, acumular horas extra en tu trabajo y ser constantemente productivo/a, pero con el tiempo, llegará a un punto de ruptura, y puede ser más difícil recuperarse de eso; es mejor permitir actividades de bajo valor en tu vida. Una actividad de bajo valor es, por ejemplo, ver televisión. No necesitas hacerlo en un momento dado para ayudarte a lograr una meta, pero aun así te proporciona algo de valor.

Las actividades sin valor son cosas que no tienen sentido, por ejemplo, acceder a las redes sociales repetidamente durante el día. A pesar de que las revisaste hace solo 30 minutos, no hay nada realmente nuevo y solo estás perdiendo el tiempo.

. . .

Puedes comenzar a realizar un seguimiento de tu tiempo como ya comentamos, y también clasificar todas las actividades como de alto valor, de bajo valor o sin valor. Algunos incluso podrían considerar actividades de valor medio como hacer ejercicio o dieta: si ya haces ejercicio todo el tiempo y tienes un cuerpo sano y en forma, tal vez esté bien que te saltes el día de gimnasio de vez en cuando. Si eres alguien que no se ha ejercitado desde que estaba en la escuela secundaria, esa podría ser una historia diferente.

Lo que es de alto valor y lo que es de bajo valor en tu vida será específico para ti y tú lo determinará, lo importante a recordar es, sobre todo, que estás prestando especial atención a encontrar ese equilibrio entre valor alto y bajo. También deseas considerar las cosas que te privan de esas actividades de alto valor, esto sería beber alcohol, comer en exceso, consumir drogas, chismear o ver programas que no te brindan ningún tipo de felicidad, etc.

Si algo está ocupando algunos de los momentos valiosos de tu vida sin proporcionarte ningún valor, es hora de considerar eliminarlo. La cuestión es que la mayoría de nosotros sabemos cuáles son estas actividades sin valor: las personas que beben en exceso no suelen argumentar que sea necesariamente saludable para ellas. La mayoría de las veces es más fácil ignorar la realidad de la situación, pero entonces se requiere autocontrol para evitar estas actividades sin valor. Lo mejor que puedes hacer para evitar estas cosas y desarrollar tu fuerza es planear con anticipación.

· · ·

Planifica con anticipación

Lo que pasa con el tiempo es que nunca habrá suficiente. Incluso si los segundos fueran en realidad minutos y los minutos fueran horas, todavía sentiríamos que no tenemos suficiente tiempo; el perdernos de algo nos hace darnos cuenta de lo valioso que es. La planificación no solo es importante para aprovechar al máximo el tiempo del que dispones, sino para darte la oportunidad de centrar tu atención. Es difícil concentrarse en la tarea en cuestión cuando no estás muy seguro/a de qué necesita tu atención en este momento.

El pánico, el estrés…. todo eso se debe a que no tienes la fuerza dentro de tu cabeza para decir no a las cosas malas y decir sí a las buenas. ¿Qué puedes hacer?

Planear con anticipación. Para comprender cómo percibimos el tiempo, considera esta analogía:

- Si alguien tuviera un vaso de agua y te ofreciera un sorbo del vaso en el que ha estado bebiendo dentro de tu propia casa, probablemente lo rechazarías; realmente no quisieras compartir un vaso con esta persona, y podrías ir a buscar tu propio vaso de agua si quisieras.
- Si ustedes dos hubieran estado varados en el

desierto durante dos días sin agua, ciertamente beberías de ese vaso.

Piensa en eso como en el tiempo. No es que necesariamente nos falte tiempo, es solo que, cuando comienza a agotarse, nos damos cuenta de lo precioso que es en realidad. Al planificar las cosas con anticipación, ves que el momento ideal es ahora; eres capaz de reconocer y pensar *"vaya, esto sí es posible"*. Muchos de nosotros probablemente hemos mirado nuestros horarios antes y hemos pensado *"bueno, espero que pueda manejar eso"*, definitivamente soy culpable de esto y de hacer horarios que no creo que sean realistas.

No es que no pudiera terminar las tareas, simplemente me estaba presionando demasiado para hacer muchas cosas a la vez. Para planificar con anticipación, existe un primer paso obvio que es crear tu horario. Establece tus tareas priorizadas, desde las más importantes hasta las menos importantes: ¿con qué no podrías salirte con la tuya si no lo hicieras?, ¿qué es algo que hay que hacer absolutamente antes de que llegue mañana?

Esto debería ir al principio de tu lista. A partir de ahí, clasifica las siguientes tareas.

Crea un diseño realista de lo que esperas lograr en un día. Mi método para hacer esto es crear mi lista de "los diez mejores" del día: pienso en diez cosas que espero hacer al día siguiente, sin importar cuán grandes o pequeñas sean.

Luego las organizo del 1 al 10, siendo 1 el más importante y el 10 no tan importante. Por ejemplo, un lunes podría verse así:

1. Escribir 5 páginas
2. Editar mi escritura
3. Cocinar la cena
4. Ir a caminar 30 minutos
5. Pagar la factura de la luz
6. Pagar la factura de Internet
7. Leer 10 páginas
8. Doblar la ropa
9. Limpiar el baño
10. Lavar las ventanas

Al final del día, solo pude completar las tareas 1-8 y ahora que se acerca el martes, haré mi lista para mañana.

En algunos días en los que mi agenda está muy llena, los últimos elementos podrían convertirse en los números 1-2 del día siguiente. Sin embargo, limpiar el baño no es más importante que el trabajo, por lo que mi martes podría verse así:

1. Escribir 5 páginas
2. Editar mi escritura
3. Cocinar la cena
4. Ir a caminar 30 minutos
5. Leer 10 páginas
6. Doblar la ropa
7. Limpiar el baño
8. Lavar las ventanas

9. Organizar el armario
10. Quitar maleza del jardín

Limpiar el baño está todavía al final de la lista el martes porque no es tan importante ya que todavía no está demasiado sucio. Ahora bien, si para el viernes el baño se ha retrasado todos esos días, entonces podría convertirlo en mi número 3 o 4 en la lista, probablemente esté bastante sucio en ese momento y necesite una mayor prioridad.

Este método me ayuda a saber lo que tengo que hacer sin sentirme mal conmigo mismo si no puedo terminar todo. Cuando planificas las cosas de manera eficaz y realista, le comunicas a tu cerebro: *"Puedo hacer esto, lo tengo, soy capaz de completar esa tarea en dos horas. Sé que podría hacerlo en 45 minutos, pero me voy a dar ese tiempo para considerar cualquier imprevisto. Cuando me sobra tiempo, puedo usarlo para algo aún mejor".*

Prueba este método por ti mismo/a con tus diez tareas. Una vez que hayas hecho eso, tendrás que considerar si esas tareas deben ser la máxima prioridad o si mañana tendrás nuevas prioridades. Tu horario debe ser una base flexible para que las cosas más importantes se hagan todos los días. Después de eso, deseas tener una o dos tareas de respaldo.

Probablemente puedas pensar en cinco o diez cosas desde el principio que podrían considerarse tareas de respaldo, como limpiar tu antiguo armario, comenzar un nuevo proyecto que siempre has tenido en mente o limpiar finalmente la ropa de la máquina de ejercicios.

Todas estas cosas puedes dejarlas en un segundo plano y esperar que eventualmente se realicen, sin embargo, cuando estés planificando tu día, solo realiza una o dos tareas de respaldo.

Si enumeras 10, aunque sepas de manera realista que nunca podrías completar todas, te presionas. Solo planifica las cosas que puedas imaginarte haciendo de manera realista. Si pones 10 cosas en tu lista, aunque sepas que no puedes hacerlo, cuando llegue el día siguiente y no llegues a ninguna de ellas, te castigarás.

Te sentirás mal porque pensarás *"vaya, realmente no hice nada. Ni siquiera podría haber hecho una de esas pequeñas cosas".* Ten una idea realista de lo que se hará mañana.

Dale la cantidad adecuada de tiempo a las tareas

Una vez que hayas priorizado tus tareas, dale a cada una el tiempo promedio que te toma completarlas.

. . .

Tuve problemas para mantener mis horarios porque el tiempo que les asignaba nunca era realista, por ejemplo, una tarea como leer 40 páginas a veces me puede llevar tan solo 30 minutos, y otras veces me puede llevar hasta 2 horas, según el tema y el tamaño de la página. Por lo general, me toma entre 45 minutos y una hora.

Cuando creaba mis horarios en el pasado, me asignaba unas 30 páginas para leer al día; esperaba hacerlo en treinta minutos, y mi tiempo récord podía ser de veinte.

En mi horario, solo me daría 20 minutos para completar esta tarea, cuando realmente debería haberme dado toda una hora. Así, la mayoría de las veces terminaría antes, y luego podría hacer una tarea de respaldo.

Con mayor tiempo me siento mejor conmigo mismo al final del día porque hice lo que tenía que hacer y algo más, en lugar de perder continuamente mis metas.

El hecho de que fuera posible hacer algo rápidamente una vez no significa que esa sea la base de lo que debemos esperar; ese periodo de tiempo de 45 minutos debería ser tu desafío diario, deberías querer seguir batiendo tu récord. Sin embargo, no puedes establecer el récord como norma porque entonces te estás preparando para el fracaso todos los días.

. . .

Una vez que hayas asignado el tiempo a estas tareas, puedes completar tu horario. Nuevamente, sé realista, especialmente cuando te despiertas y cuando te acuestas. Si eres el tipo de persona que se despierta todos los días a las ocho en punto sin ningún problema, entonces apégate a eso, tal vez finalmente puedas comenzar a despertarte a las 7:45 y luego a las 7:30 y agregar pequeñas tareas de 10 o 15 minutos antes de comenzar tu día. Sin embargo, si eres alguien que tiene dificultades para levantarse de la cama antes de las 10 am y normalmente duermes más tarde, no programes las tareas para las 7 am.

Por supuesto que es maravilloso ser ambicioso/a, pero no es realista.

Deseas ir avanzando gradualmente hasta llegar al periodo de tiempo deseado, así que empieza por asegurarte de poder despertarte a las 10 en punto todos los días. Una vez que hayas trabajado en esto durante dos semanas, reduce este tiempo en intervalos de 15 a 30 minutos.

Pasar de levantarte de la cama alrededor de las 11 todos los días a despertarte exactamente a las 7 de la mañana es como si alguien intentara dejar de fumar sin parche ni chicle: tu cuerpo no está acostumbrado, tu mente no está acostumbrada a eso y no podrás hacer un ajuste rápido.

Algunas personas pueden, no digo que sea imposible, solo digo que la mejor base para que logres estas cosas de manera realista es darte períodos graduales e incrementos lentos.

Evita los horarios estrictos

Planear para prevenir desastres es importante. Digamos que te despiertas y tienes gripe, ¿qué vas a hacer?, ¿cuál es tu plan de respaldo?

Tuve otro problema al crear horarios porque eran muy frágiles: si un amigo me llamaba inesperadamente y hablábamos durante treinta minutos poniéndonos al día, eso arruinaría el resto de mi día. Si pasaba diez minutos de más en una tarea, me estresaría hasta el punto de no poder completar la siguiente.

El problema era que estaba creando horarios muy rígidos y si algún suceso insignificante los estropeaba, entraba en pánico. No quería programar tiempo extra porque me hacía sentir que no estaba siendo eficiente.

Sin embargo, como las cosas seguían fallando y nada parecía funcionar, tuve que reevaluar mi horario y parte de eso significó darme más espacio para respirar.

. . .

A pesar de que estaba programando tiempos más largos para completar las tareas, me las arreglé para ser más productivo con esa libertad. Si bien deseas ser capaz de comprometerte y ceñirte a un horario a diario, tampoco puedes hacer que tu vida dependa de ello. Esto significa que no postergues tu trabajo, no programes todas las tareas importantes para el jueves. Puede que estés bien de lunes a miércoles, pero luego llega el jueves y estás completamente inconsciente por un resfriado, no puedes hacer nada y ahora tendrás que trabajar todo el fin de semana. En su lugar, haz esas tareas los lunes y martes, de esa manera, si ya están programadas y sucede algo, puedes reajustar tu horario para el resto de la semana. No puedes retroceder en el tiempo, pero puedes planificar el futuro; prioriza por importancia.

También es muy fácil pensar que todo irá bien todo el tiempo, nadie quiere anteponerse a un desastre. No querrás estresarte antes de tiempo pensando en cómo se pueden congelar tus tuberías y luego tendrás que hacer que el plomero venga, no querrás pensar en alguno de tus hijos enfermo, no querrás pensar en alguien golpeando tu auto, no querrás pensar en resbalarte y caer sobre el hielo rompiéndote la muñeca.

Todas estas cosas son horribles y ninguno de nosotros quiere tener que vivirlas, pero son reales, suceden y nadie lo planea.

. . .

Nadie piensa *"oye, mañana voy a tener un terrible accidente"*.

Si bien es posible que no puedas prepararte para un desastre financieramente, o incluso emocionalmente, puedes prepararte para él en tu horario, ayudando a prevenir que sucedan aún más accidentes. Esto significa darte de 5 a 10 minutos adicionales para cada tarea y darte espacio entre tareas para tomar pequeños descansos. De esta manera, si todo va según lo planeado, aún te estás dando tiempo extra. Estás quitando algo de esa presión y miedo.

4

Mantente optimista y vive el momento

POR ENCIMA DE TODO, tu actitud será la herramienta que más te beneficie en el proceso; si bien es posible que ahora no seas la persona más productiva, eso no significa que no puedas serlo en el futuro. Sin embargo, tu perspectiva puede ser algo que te detenga, darte cuenta de que eres tu mayor enemigo/a, puede ser una gran epifanía.

Hubo un momento en el que odié mi vida. Me despertaba decepcionado todos los días, me iba a la cama desanimado por no haber hecho más, odiaba todas las tareas que tenía por delante y odiaba tener que hacer cualquier cosa.

Tenía sueños que quería lograr en la vida, pero no estaba trabajando activamente para lograrlos, solo estaba tratando de sobrevivir, sintiéndome miserable por tener que hacer cualquier esfuerzo. Me la pasaba estresado, el mundo no era justo, todos querían atraparme; tenía que pagar facturas, tenía que hacer feliz a la gente, tenía que impresionar a los demás y tenía que hacer todo esto por mí mismo, ¡una persona que ni siquiera me gustaba!

El estrés me carcomió. Me preocupaba no estar teniendo éxito, tenía miedo de no poder pagar las facturas, estaba constantemente consumido por la duda y el miedo. Siempre me pregunté por qué no podía hacer nada, siempre estaba procrastinando, estresado y preocupado. Entonces me di cuenta: era este mismo estrés lo que me retenía, era la ansiedad por hacer *algo* el mayor obstáculo en el camino para lograrlo. No era mi trabajo lo que era difícil, sino la mentalidad que tenía al respecto, esa fue una de las cosas más difíciles de superar.

Ser una persona positiva no significa que seas ciego/a.

Siempre sentí resentimiento hacia la gente optimista por esa razón, pensaba que simplemente se estaban alejando del mundo real, pensaba *"bueno, ¿no saben cuántas personas están sufriendo en el mundo?, ¿no son conscientes de que suceden muchas cosas malas todo el tiempo?, ¿no comprenden que la vida no es justa? ¿Cómo puedes ser optimista en un mundo tan cruel?, en un lugar donde los animales sufren daños, la gente sufre, la guerra es constante y el hambre está en todas partes, ¿cómo puedes ser feliz? ¿Cómo puedes ser positivo?"*

. . .

Una vez que supe cuáles eran mis patrones de pensamiento negativos, comencé a investigarlos realmente. Cuando me pregunté *"¿qué razones hay para ser positivo?"*, empecé a responderme con *"¿cómo ayuda la negatividad en todo esto?"*. Cuando comienzas a mirar a figuras notables en el mundo, que realmente han cambiado las cosas para mejor, te das cuenta de que muchas de ellas tenían una cosa en común: tenían una perspectiva positiva.

Nadie se levanta, se para detrás de un podio y da un discurso increíble y verdaderamente conmovedor hablando de cómo todo apesta y nada importa. Seguro, eso podría ser cierto, nadie dice que esa perspectiva esté mal.

No te estoy diciendo que ser feliz sea bueno y ser negativo sea malo, ambas posiciones son bastante neutrales aquí.

Sin embargo, la única persona a la que le duele cuando tienes una perspectiva negativa es a ti mismo/a. Creer que el mundo es un mal lugar y que todo es terrible no resuelve los problemas y si bien puede que no sea necesariamente falso, no estás logrando nada. Ser positivo/a tampoco soluciona automáticamente los problemas, sin embargo, ayuda a aliviar esa presión que te impide lograr cosas.

Digamos que estás en tu recta final del semestre universitario. Tienes dos proyectos para terminar y un gran examen para estudiar: un proyecto es fácil y realmente disfrutas haciéndolo, la prueba es extremadamente difícil y no sabes cómo vas a aprobar, el otro proyecto que tienes que hacer requiere mucho tiempo, por lo que, si bien tienes una idea de qué hacer, no necesariamente sabes si tendrá tiempo suficiente para hacerlo.

Quiero que te imagines ahora a dos estudiantes en la misma situación.

Un estudiante es negativo, no entiende por qué tiene que hacer este estúpido proyecto que realmente no le ayuda a aprender nada y parece una pérdida de tiempo. Es probable que el maestro ni siquiera lo revise por completo, todos los demás en la clase lo harán mejor. Probablemente va a reprobar su examen, entonces, ¿qué importa?, ¿cuál es el punto de hacer cualquier cosa? Simplemente se graduará de la universidad y luego seguirá adelante. Quién sabe si esto ayudará a garantizar un buen trabajo, ¿por qué molestarse?

El otro estudiante piensa *"bueno, no tengo nada que perder.*

Si obtengo una mala calificación en esto, al menos sabré en qué soy bueno y en qué soy malo. Si me va muy mal en los exámenes finales este año, eso solo significa que tal vez debería reconsiderar mi especialización el próximo semestre. Muchos de mis ídolos han fallado en el pasado y nunca se rindieron, lo único que tengo que hacer ahora es estudiar, nada más me facilitará las cosas. Estaré bien si simplemente continúo, solo quedan cinco días más".

¿Qué estudiante crees que terminó haciendo mejor su proyecto? Ninguno de los estudiantes estaba necesariamente equivocado, no se trata de estar equivocado o correcto ni de tener la mejor perspectiva. Se trata de tener la perspectiva que te haga más productivo/a en el proceso. Para concentrarte realmente en algo, debes estar presente en el momento, debes prestar atención a todo lo que está frente a ti.

Si tus pensamientos están en el futuro y lo que va a suceder, entonces no podrás concentrarte en la tarea. Si estás pensando constantemente en todos los arrepentimientos que tienes y en cómo deberías haber comenzado antes, tampoco vas a terminar la tarea. Lo único que completará la tarea eres tú y poner tu atención en ella. Es por eso que la positividad puede ser una de las cosas más beneficiosas para este proceso.

Sé positivo/a para aumentar tu atención

Algunos estudios sugieren que las emociones positivas incrementan la capacidad de concentrarnos mejor.

El estrés puede mantenernos distraídos y preocupados, es difícil prestar atención a las cosas importantes si temes los resultados. Entonces, ahora que sabes que la vida se trata de ser positivo para ser más productivo, ¿cómo lo haces exactamente? Cuando todo es aparentemente terrible, ¿qué es lo que puede hacerte sonreír?

Para mí, una de las cosas más importantes y efectivas que ha cambiado drásticamente mi vida es practicar la gratitud. Una vez más, la positividad y la gratitud no son cegarse a las cosas malas, sino simplemente no dejar que éstas controlen tu vida. Tener gratitud significa ser consciente de lo bueno, no tienes que celebrarlo necesariamente ni estar extremadamente feliz o emocionado/a por ello, es simplemente reconocer que tienes privilegios, beneficios y grandes cosas en tu vida.

Por ejemplo, pensemos en una situación fácilmente gratificante. Elige una de las celebridades más ricas que conozcas, tienen fama y atención positiva de la gente, tienen una casa enorme para vivir, tienen toda la ropa, zapatos, carteras, autos y maquillaje que puedas desear.

Aparentemente lo tienen todo, y es fácil ver por qué tienen que estar agradecidos. Puedes mirar las cosas materiales que tienen, como su ropa y su casa o mirar cosas más importantes como el dinero y la fama.

Ahora, pensemos en alguien un poco menos afortunado. Vive en un apartamento tipo estudio en Nueva York que apenas le da espacio suficiente para vivir, su electricidad está a un pago atrasado de ser apagada y su alquiler es solo un par de cientos de dólares menos de lo que gana al mes. Parece que no puede encontrar un trabajo que le dé suficiente dinero para poder trabajar solo 40 horas a la semana. Todo es una lucha, y para colmo, acaba de encontrar una rata en su apartamento. Qué situación tan terrible, ¿verdad?

Por supuesto, preferirías ser esa persona con una casa grande y elegante al hacer esta cruda comparación. Sin embargo, tienes que analizar realmente qué es la gratitud para comprender que una situación no es necesariamente mejor que la otra.

A menudo, la gente mide la felicidad por las cosas materiales, como el tamaño de su casa o la cantidad de dinero que tiene en su cuenta bancaria, cuando en realidad, la felicidad es algo que existe dentro de nosotros.

Ahora quiero que consideres por qué debe estar agradecida la persona que vive en el apartamento: en primer lugar, el hecho de que tenga un hogar es increíble. Mucha gente no lo tiene, pero esa persona, aunque no tiene mucho espacio, tiene una cama en la que descansar todas las noches. Tienen mantas que pueden mantenerle caliente, tiene calcetines secos en los pies, tiene la capacidad de ponerse de pie, cruzar su apartamento, abrir la puerta y salir. Puede leer un libro, escribir algo, enviar mensajes de texto a sus amigos, vivir en una de las ciudades más emocionantes del mundo;

incluso puede comprender lo que significa estar agradecido por lo que puede ser un privilegio en sí mismo.

La celebridad, esa persona rica, también tiene mucho que agradecer.

Pero ahora imagina que pierden la capacidad de caminar, o quizás les diagnostiquen cáncer, quizás descubrieron que todos sus amigos y familiares los odian. No es solo el hecho de que alguna de estas situaciones sea mala, sino que esos objetos materiales por los podrían estar agradecidos entrarían en juego y ayudarían a equilibrar las cosas.

Lo que estoy tratando de señalar es que no importa cuál sea la situación, rico/a, pobre, sano/a, enfermo/a, siempre habrá cosas por las que estar agradecido. No hay una situación singular que sea perfecta o necesariamente mejor que cualquier otra. Lo que tenemos es lo que tenemos y tienes que aprovechar eso al máximo; en lugar de pensar en todas las cosas que deseas obtener, que esperar obtener, que deberías haber obtenido y por las que podrías haber trabajado más duro, puedes concentrarte en las cosas que te rodean ahora.

Vive el momento

. . .

Vivir el momento se trata de estar atento/a y consciente del presente.

Esto es esencial porque generalmente es el miedo lo que nos mantiene tan atrapados en nuestra propia mente, el miedo suele surgir de situaciones poco realistas, es una visión centrada en el resultado. Incluso si estás sentado/a en tu apartamento y escuchas un ruido fuerte en la otra habitación, sientes miedo a lo desconocido. Ese ruido fuerte podría haber sido tu gato saltando de una mesa o cinco intrusos que accidentalmente tiraron algo de tu escritorio.

El miedo también proviene de cosas que están fuera de nuestro control. Digamos que esos cinco intrusos entran en la habitación en la que estás sentado/a y te miran fijamente, de repente, ya no tienes ningún control porque eres tú contra cinco personas. El miedo vuelve a instalarse. Tememos cosas que están fuera de nuestro control en nuestro pasado, momentos en el tiempo que nos han sido arrebatados y a los que ya no podemos volver. No solo no podemos revertir lo pasado y hacer que las cosas salgan a nuestro favor, sino que éste también ha afectado cosas en el futuro sobre las que todavía no tenemos control.

El autocontrol se trata de vivir en el momento. Este es el núcleo del libro, este es el punto de lo que quiero que comprendas. No es fácil. En realidad, es muy difícil y la mayoría de la gente no puede hacerlo, ¡por eso estoy escribiendo un libro sobre eso! Quiero que pienses en un momento en el que estuviste extremadamente estresado/a en tu vida, si pudieras retroceder en el tiempo y no tener tanto miedo, ¿aún habría sido un momento tan terrible?

Piensa en la última vez que tuviste miedo y todo salió bien, ¿te arrepientes de haber tenido esa ansiedad?

Ahora considera la última vez que las cosas no funcionaron después de que ya estabas ansioso/a, ¿tener miedo ayudó a evitar que eso sucediera? ¿Pensar en el peor de los casos te impidió tener que vivir esas experiencias negativas? La respuesta probablemente sea no.

Sencillamente, van a pasar cosas malas. Si algo no funciona, potencialmente podrías prevenirlo, pero tener miedo no es la forma de hacerlo.

Estar informado/a y consciente es una buena opción porque te estás dando la oportunidad de pensar en las medidas preventivas que se deben tomar, sin embargo, demasiada reflexión solo puede robarte el presente.

Uno de mis amigos me enseñó qué era el *mindfulness* (la concentración mental plena) y cambió mi vida.

· · ·

Cuando lo explicó por primera vez, realmente no tenía idea de lo que estaba hablando, no tenía ningún sentido para mí porque no sabía lo que significaba ser consciente. Hasta que no lo sientas realmente, no puedes entender lo que significa, o incluso describirlo a alguien, por eso quiero que lo practiques ahora mismo.

Una vez que termines de leer el siguiente párrafo, deja este libro y sé consciente:

Elige una cosa en la habitación que puedas identificar con cada uno de tus cinco sentidos, o sea, una cosa que puedas ver, una cosa que puedas tocar, una cosa que puedas oír, una cosa que puedas saborear y una cosa que puedas oler. No necesariamente tienes que hacerlo, si pudieras probar los dulces al otro lado de la habitación, no te estoy diciendo que te los comas; si puedes oler la caja de arena de tu gato, no tienes que acercarte y meter la nariz en ella. Quiero que simplemente identifiques estas cosas, podrías escribirlas si quisieras, pero en realidad solo se requiere señalarlas en tu cabeza.

Hazlo ahora y después vuelve a este libro.

Quizás no sentiste nada después de hacer eso, puede que todavía pienses que estoy loco y no sepas de qué estoy hablando. Sin embargo, la concentración plena no sucede de manera instantánea, es algo que haces de forma regular para continuamente regresar al momento presente.

Piensa en un salón de clases lleno de niños que están hablando, todo el mundo está distraído. El maestro chasquea los dedos y todos devuelven su atención a la pizarra: tus pensamientos son como esos niños pequeños.

Todos tienen estas conversaciones aleatorias, esporádicas y locas en tu mente, y tu enfoque y autocontrol son ese maestro que chasquea el dedo al frente del aula.

La concentración plena es ese chasquido, es esa reunión instantánea de todo lo que gira en tu mente y pone tu enfoque completo hacia el exterior.

Otro acto de concentración plena es identificar todo lo que hay en la habitación que es del mismo color, puedes explorar y contar cosas. Tal vez cuentes cuántas cosas puedes ver frente a ti sin mover la cabeza, o en cuántas cosas te puedes sentar. No tienes que recoger cosas de ciertos colores, tal vez elijas diferentes categorías en la habitación. Fíjate cuántas imágenes hay en la pared, cuántos aparatos electrónicos hay en la habitación, cuántos animales, cuántas plantas, cuántas personas. Ser consciente es simplemente estar físicamente consciente y tener el espacio para conectar el aspecto mental con él.

. . .

Considera los pensamientos que te distraen

¿Hay algún pensamiento que se repite una y otra vez en tu cabeza?, ¿eres el tipo de persona que, incluso si estuvieras en una habitación blanca sin distracciones, se las arreglaría para postergar las horas con sus propios pensamientos? No siempre es la tentación del Internet u otras tareas interesantes en tu casa lo que podría privarte de tu enfoque, podría ser tu propia mente.

A veces, la repetición constante, el miedo, la ansiedad, el estrés, el pánico y la preocupación pueden consumirte. Podrían devorarte durante todo el día, no solo robándote un tiempo importante que podrías dedicar a ser productivo/a, sino provocando un aumento de emociones negativas de otras maneras. Es fácil apegarse a un pensamiento, a veces nuestras mentes son como olas chocando contra roca y un solo pensamiento podría ser la única balsa a la que elijas aferrarte.

Para comenzar a darte cuenta de los pensamientos que pueden distraerte, primero sé más consciente de ellos.

Yo descubrí que era más fácil para mí escribirlos, si estuviera constantemente preocupado, empezaría a medirme el tiempo y si esta preocupación durase más de diez minutos, sería el momento de llevarlo a mi diario y escribirlo. Esto no hizo que el pensamiento desapareciera de inmediato, sin embargo, era la apertura que necesitaba para sumergirme más profundamente en ese pensamiento.

Cuando estés luchando con tu mente, comienza saliendo de ti mismo/a. ¿Cómo ayudarías a un amigo que tiene el mismo pensamiento negativo una y otra vez? Por ejemplo, digamos que te miras al espejo pensando que eres un fracaso, no hiciste ninguna tarea hoy y ahora sientes presión. ¿Qué tienes que decirte a ti mismo/a? Probablemente algunas cosas bastante desagradables.

Ahora bien, si fueras tu mejor amigo/a (que deberías esforzarte por serlo), ¿qué dirías para hacerle sentir mejor? Si no te haría sentir cómodo/a decirle ciertas cosas a un ser querido, no deberías sentirte cómodo/a diciéndotelas a ti mismo/a.

A veces tienes que recordar el área gris entre el espectro blanco y negro que podrías haber creado en tu mente.

Podemos crear una escala en nuestra mente que a menudo determine cómo nos sentimos, esto a menudo se conoce como pensamiento en blanco y negro. Por lo general, esto implica ser muy duro con las cosas negativas y, con frecuencia, ignorar cualquier bien que éstas puedan aportar. Por ejemplo, si obtienes una calificación reprobatoria en un examen, podrías pensar que eres un fracaso mientras ignoras las otras 30 pruebas en las que tuviste éxito.

La culpa y el resentimiento pueden convertirse en heridas desagradables si no tienes cuidado. Mucha gente culpará a otros y a las circunstancias externas de sus defectos o situaciones negativas actuales; es posible que incluso hayas tenido conversaciones negativas con personas en tu mente, ¡solo alimentando esas emociones y sentimientos de odio! Hacer suposiciones o sacar conclusiones precipitadas también puede hacer que las cosas sean muy estresantes.

Tal vez tu jefe llegó hoy al trabajo y solo sonrió a medias, sin decir *"hola"* o *"buenos días"*; en lugar de suponer que te van a despedir hoy, debes considerar que puede haber comenzado mal el día, o tal vez tiene mal aliento porque olvidó lavarse los dientes, por lo que no quiere apestar la oficina; quizás su gato murió esta mañana, ¡quizás se siente miserable y no quiere sonreír! No puedes suponer que algo negativo te involucra directamente, a esto también se le llama personalización en algunos casos y es la falsa idea de que tenemos control sobre situaciones en las que en realidad no lo tenemos.

No pienses siempre en la peor situación posible. Cuando notes que tus pensamientos comienzan a viajar hacia grandes fantasías de cosas terribles, recuerda desafiar esos sentimientos, investígalos. ¿Son realistas?, ¿son plausibles?, ¿cuáles son las posibilidades reales de que sucedan? Sumérgete profundamente en el lugar de donde vienen: ¿Quién te dijo que deberías creer esto?, ¿dónde se plantó inicialmente esta idea en tu mente?

Siempre desafía tus pensamientos, no te permitas creer la primera idea que se te ocurra.

El autocontrol significa sumergirse profundamente en tu mente para enfrentar las cosas que te han estado frenando hasta ahora.

Maneja el estrés

El estrés tiene muchos más efectos en tu mentalidad de los que podrías imaginar y también puede tener efectos físicos en tu cuerpo. Por un lado, piensa en cómo podrías apretar la mandíbula y los puños, es posible que mantengas los hombros tensos y que te tiemblen las piernas. Te puede doler el estómago porque siempre lo mantienes apretado y tenso, y tu cabeza puede sentirse como si alguien la golpeara con un ladrillo.

El estrés no controlado puede conducir a problemas aún mayores y más graves, podrías tener ansiedad o depresión crónica. También puede desencadenar otros problemas de salud mental que ya tienes. El estrés incluso podría provocar un ataque cardíaco, diabetes o accidentes cerebrovasculares, si no se maneja adecuadamente.

Por supuesto, pueden surgir otras cosas junto con eso, pero en su mayor parte, debes reconocer que el estrés no es solo algo mental, es un proceso químico que ocurre en tu cuerpo.

El cortisol es una hormona que se libera cuando estás estresado/a. Hace que tu corazón lata más rápido, tu enfoque se vuelva más alerta al peligro presente y te prepara para usar tu respuesta de lucha o huida. Para tener un mejor autocontrol, debes aprender a manejar tu estrés, si bien ese cortisol puede aumentar tu concentración, tu atención se dirige hacia tus preocupaciones, la enfoca en buscar maneras de remediar la situación en lugar de trabajar realmente para solucionarla.

En lugar de intentar terminar tu tarea, intentarás buscar en tu cerebro nuevas tareas que podrían ser atajos. A veces, esto puede ayudarnos. Si estás tratando de estirar tus últimos $1000 para pagar tus facturas, probablemente puedas volverte bastante inteligente con el dinero y hacerlo funcionar cuando estés realmente estresado/a. Sin embargo, demasiado estrés puede privarnos de este tiempo.

· · ·

Si estás demasiado estresado/a por hacer una tarea, puedes sentarte y pensar durante 30 minutos en cómo podrías reorganizar tu horario, cuando en realidad podrías haber terminado esa tarea en ese periodo de tiempo.

Hay algunos pasos para el manejo del estrés que he aprendido para ayudarme a llevar mi enfoque de regreso a donde debería estar. El primer paso es concentrarme en mi cuerpo, cuando me siento estresado, en lugar de intentar solucionar el problema, presto atención a dónde tengo esa tensión. A veces está en mis hombros, otros momentos tengo dolores de estómago, hay muchas ocasiones en las que tengo dolores de cabeza y siento que me tiemblan las piernas.

Lo primero que hago es notar esto y tratar de remediarlo. Si me duele el estómago me levanto y bebo un poco de agua, si me duele la cabeza hago algunos ejercicios de respiración y preparo un té caliente, si me tiemblan las piernas doy un paseo ligero, si mis hombros están tensos hago algunos movimientos rápidos de yoga y me estiro. Deshazte de esos efectos físicos y recuérdale a tu cuerpo que está a salvo.

El siguiente paso que doy es usar afirmaciones y un lenguaje positivo y compasivo para recordarme a mí mismo que estoy protegido. Me repetiré estas frases, diré cosas como *"estás a salvo. No va a pasar nada malo, estás bien. Eres fuerte y valiente"*. Lo último que hago es buscar una forma de solucionar el problema, si tengo mi solución, como simplemente hacer el trabajo, entonces puedo comenzar a concentrarme en eso.

· · ·

Date la libertad de seguir sintiendo ese estrés, porque si intentas callar esa emoción, solo la empeorarás. Piensa en tu estrés como una pelota que rebota, imagina que alguien la hace rebotar con mucha fuerza y ahora no deja de volar por la habitación. En lugar de intentar capturar ese estrés y guardarlo en una caja, déjalo enloquecer, solo ten cuidado. Sumérgete en él y muévete como necesites, esquiva. No intentes detenerlo activamente, porque eso puede agotar tu energía, puede ser casi imposible y, a su vez, podrías golpear la pelota y hacerla ir aún más rápido. Mejor intenta simplemente alejarte del camino de la destrucción y concéntrate en protegerte, en lugar de tratar de detener el caos que te rodea.

También me gusta tener actividades y herramientas de respaldo que me ayuden a manejar mi estrés. Esto incluye tener cosas como un humidificador o una relajante vela de aroma, cosas pequeñas como tener plantas en mi casa o tocar música, la música es un gran alivio para el estrés.

Te insto a que crees tantas listas de reproducción para aliviar el estrés como te sea posible. Un gran error con la música para reducir el estrés que cometen las personas es simplemente crear una lista de reproducción de las canciones que les gustan. Si bien eso puede ser bueno para ayudar a impulsar la pasión e impulsar la concentración en el momento, a veces tu estado de ánimo no siempre es el mismo para las canciones que te gustan.

· · ·

Trata de dividir tu música en categorías, de clasificar ruidos específicos al estado de ánimo que deseas provocar para evitar asociar ciertas canciones a cierto tipo de humor. También presta atención a las letras, aunque te guste la mezcla de una canción, inconscientemente, las palabras podrían afectarte.

Por ejemplo, si escuchas canciones tristes cuando estás tratando de motivarte para trabajar, aunque no estés pasando por una ruptura o no tengas ninguna relación, las palabras podrían hacerte sentir inconscientemente de una manera que no beneficie a tu trabajo. Controlar tu estrés es una de las mejores cosas que puedes hacer para controlar tus pensamientos.

5

Elige tu espacio y tiempo de trabajo

A VECES, el autocontrol se siente como algo interno. Si estás luchando por ignorar las distracciones y concentrarte en tareas importantes, no es solo tu cerebro lo que te está frenando, a veces, el espacio en el que estás trabajando puede ser la razón por la que te cuesta tanto trabajo. Cuando comencé a trabajar mi autocontrol, estaba completamente enfocado en la productividad, fui a mi oficina y despejé todo, la mantuve limpia, pura y libre de cualquier otra cosa que no fuera trabajo.

Después de aproximadamente una semana, comencé a sentirme mucho más triste; estaba haciendo las cosas, pero seguía siendo infeliz.

Mi productividad aumentó, pero mi nivel de pasión o entrega disminuyó. Si bien me libré de cualquier distracción adicional, también me quité la oportunidad de conectarme con un espacio de trabajo que me apasionara.

. . .

Puede que lo que haya en tu lugar de trabajo no esté funcionando bien, sin embargo, no asumas que tienes que igualar los espacios minimalistas que ves en todas partes: tu espacio de trabajo debe reflejar tu personalidad, con énfasis en fomentar tu productividad.

Crea un lugar de trabajo apropiado

Tu espacio de trabajo físico debe ser un área que te inspire a cultivar el éxito. La productividad proviene de lo que le indicas a tu cerebro, si te encuentras en un entorno que te estresa, no hay forma de encontrar productividad.

Considera la distribución, el diseño y la sensación general de tu espacio de trabajo, a mí me gusta incorporar colores crema, rosa pálido y verde en mi espacio de trabajo para proporcionarme una sensación de relajación sin dejar de estar en una zona neutral.

Los detalles en oro y madera me brindan creatividad e inspiración porque me conectan con la naturaleza, también estoy obsesionado con iluminar diferentes espacios. Como experimento, toma tres tipos diferentes de luces y ve a una habitación oscura. La primera luz puede ser una lámpara básica con una bombilla normal, la segunda sería una vela encendida y la tercera, una luz colorida. Si no tienes una, no hay problema, pero busca una fuente de luz diferente para experimentar. Alterna entre cada luz como la principal en el medio de la habitación, observa cómo todo se ve diferente. Cambiará la forma en que tus ojos perciben las cosas a tu alrededor.

También puedes experimentar iluminando los extremos opuestos de la habitación con este tipo de luz y notar la forma en que cambia el color de la pared.

Recomiendo encarecidamente a todos que inviertan en luces de colores para sus hogares, puedes comprar bombillas de control remoto y tiras de LED para colocarlas en tu hogar a un precio relativamente económico. Estas luces aumentan la creatividad y ayudan a transformar un espacio. A veces, arrojar una sola luz azul a la habitación proporciona un tipo de enfoque diferente al de una vela relajante.

Si un espacio de trabajo es demasiado oscuro, puede dejarte sintiéndote desmotivado/a e incluso triste. Elige la iluminación natural por encima de todo mantener tu energía durante todo el día. Cuando la iluminación tiende a tonos azules, es posible que estés más concentrado/a, sin embargo, una luz demasiado brillante podría dañar tu vista, especialmente si estás mirando una pantalla todo el día. Si trabajas desde casa y buscas un entorno más tranquilo, apégate a las luces cálidas de color naranja y amarillo, podrían ayudar a imitar la luz solar para que te sientas energizado/a y relajado/a.

El color de la habitación también es importante, si tienes control sobre cuál podría ser el color, elige azules, púrpuras y otros tonos fríos para mantenerte relajado/a y concentrado/a. Si bien algo como el amarillo neón y el naranja brillante parecen energizantes, pueden sobreestimularte y aumentar demasiado tu ansiedad. Incluso cuando no tengas mucha influencia en el color de tu espacio de trabajo, aún puedes traer elementos que potencialmente podrían llenar la habitación con ese color.

Asegúrate de permitir que entren algunos elementos de la naturaleza para mantenerte conectado/a con el espacio. Si puedes, llena tus ventanas con plantas y al menos ten una si no tienes control sobre tu oficina. Al darte la oportunidad de tener este elemento refrescante, puedes permanecer más conectado/a con tu espacio cuando te distancies de ti como persona. Si estás sentado/a en tu escritorio bombeando la computadora todo el día, es fácil comenzar a sentirte como un robot; los elementos de la naturaleza te mantienen presente en la tierra y le recuerdan a tu cerebro que te diviertes y tienes libertad.

Si eres es el tipo de persona que mata plantas de interior fácilmente y no confías en tener una, puedes incluir imágenes de la naturaleza o fotos tuyas de vacaciones y con tus amigos, es un gran recordatorio de los momentos divertidos, y satisface esa necesidad de motivación mientras trabajas en tu computadora.

Ten bocadillos y agua ilimitada cuando trabajes durante largos periodos de tiempo, pero ten cuidado con los bocadillos, mencionamos al principio que si estás creando una zona libre de distracciones es mejor no tenerlos. Si puedes, guárdalos en un cajón o casillero en lugar de en tu escritorio.

Lo mismo ocurre con tu oficina en casa, es mejor tenerlos a poca distancia, pero no necesariamente al alcance de la mano, o de lo contrario podría ser demasiado tentador y llevarte a comer sin sentido más adelante.

Usa las horas principales

Como mencionamos anteriormente, debes tener un periodo de tiempo para realizar un seguimiento de tu tiempo.

Para reconocer dónde estás esforzándote, primero debes comprender cómo funciona tu horario bajo tus habilidades naturales para trabajar. Todos tenemos relojes internos que pueden afectar la forma en que funciona nuestra mente, algunas personas son madrugadoras y les va muy bien levantarse temprano y comenzar el día de inmediato, mientras que a otros les va mejor cuando pueden quedarse despiertos hasta tarde y tener la paz de la noche para concentrarse.

Algunas personas trabajan mejor a la mitad del día cuando han tenido tiempo para relajarse por la mañana pero no quieren tener que trabajar toda la noche.

Una vez que hayas realizado un seguimiento de tu tiempo, será más fácil ver cuándo fueron tus horas más productivas. Revisa tu horario y ve a qué hora y en qué día pudiste lograr más, considera también el entorno. A veces, puede que no sea la hora, sino el lugar en el que realizaste la mayor parte del trabajo. Cuando estés planificando tu semana la próxima vez, podrás planificar más fácilmente los días que serán más productivos.

Si estás utilizando el método de planificación de tareas priorizadas, aún puedes reservar momentos especiales para agrupar estas tareas de alta prioridad. Por ejemplo, puedes tener mini listas de tareas pendientes específicamente para esas horas pico y luego planificar en consecuencia esos momentos para obtener el mejor resultado posible.

Hay muchos factores que determinan cuándo y por qué eres productivo/a, a veces es lo que comes, con quién estás o incluso el clima afuera. Realiza un seguimiento de todos estos aspectos para ver no solo cuándo son tus momentos cumbre, sino cómo puedes intentar cultivar esos momentos cumbre en otras ocasiones. Por ejemplo, descubrí que era muy productivo los jueves por la noche porque tenía todo el fin de semana adelante y solo me quedaba un día de trabajo. Me presionaba a mí mismo para terminar rápido lo que había postergado durante el resto de la semana.

Esta emoción y esta presión era lo que más me motivaba, tuve que preguntarme *"¿cómo puedo crear estas emociones otras veces?"*

Una cosa que hice fue asegurarme de tener algo que esperar todos los días, creé rutinas divertidas para recordarme a mí mismo que debía hacer el trabajo rápido para poder tener una noche sin estrés. Quizás una noche hice pizzas caseras con mi familia, otra noche me di el capricho de ir a mi restaurante favorito, algunas noches simplemente tener una película para ver más tarde era suficiente para darme algo que esperar. Usaba mi entusiasmo a lo largo del día para concentrarme en mis tareas porque tenía algo que esperar.

Los jueves seguían siendo un poco más productivos que el resto, pero fue entonces cuando supe que sería capaz de ponerme al día de manera eficaz con todo lo que antes no podía hacer. Puedes encontrar tus horas pico de productividad cuanto más prestes atención a identificar cómo empleas tu tiempo: ¿qué estás haciendo que te hace menos productivo/a y por qué estas circunstancias te impiden completar las tareas?, ¿qué te ayuda a mantenerte motivado/a y animado/a para lograr el resto de tus logros importantes? Eventualmente, podrás encontrar un estado de flujo productivo, trabajando de manera efectiva entre tus altibajos mentales.

Distracciones como el ruido y el desorden

Todo el mundo necesita distintos niveles de sonido según su capacidad de concentración, una cosa que te impide sintonizarte totalmente son las distracciones constantes que escuchan tus oídos: compañeros de trabajo charlando en la otra habitación, construcción afuera, un perro ladrando en la planta baja, el golpe pasivo agresivo de tu compañero de habitación… Estas son todas las cosas que pueden impedirte encontrar un lugar mental de enfoque completo.

A pesar de que tu mente y tus ojos pueden estar centrados en todo lo que requiera tu atención, es bastante fácil dejar que tu enfoque se desvíe cuando hay un desencadenante auditivo. Por ejemplo, solo escuchar una palabra podría generar un proceso de pensamiento que te saque del trabajo, tal vez tu compañero de trabajo susurra "*¿qué quieres para el almuerzo?*" a otro compañero. Eso podría ser suficiente para plantar la idea del almuerzo en tu mente, lo que te dificultará concentrarte en el trabajo que tienes que hacer.

Los mejores métodos para eliminar el ruido son los auriculares y los tapones para los oídos. De esta manera, realmente puedes mantener tu atención en lo que tienes que hacer, esto es perfecto para personas que trabajan en una oficina o estudiantes. Desafortunadamente, muchas personas tienen trabajos que no les permiten usar auriculares, es posible que tengas que escuchar una llamada por teléfono, o tal vez trabajes con el público y no eso no sea profesional. Si puedes, prueba con una máquina de ruido, como un ventilador, el ruido constante es mejor que las pequeñas interrupciones durante el día.

También considera si puedes ir a una ubicación diferente. Incluso una cafetería bulliciosa puede distraer menos que la casa, donde tus compañeros de cuarto juegan videojuegos y hablan. Esas pequeñas interrupciones de unos segundos desvían tu atención, mientras que el ruido continuo no lo hace. Cuando algo es estable así, es más fácil dejar que se convierta en ruido de fondo y ahogarlo fuera de tu mente.

Es importante asegurarte de eliminar el desorden de tu espacio de trabajo.

Al igual que el ruido mental, esas pequeñas pilas de proyectos sin terminar, libros no leídos y papeles desordenados pueden desviar tu atención cuando los miras.

. . .

Si estás tratando de trabajar y miras alrededor de tu habitación a medida que se te ocurren ideas, tu mente puede ser arrastrada a esa pila de ropa sucia. Te estresa sentir que tienes otra tarea en tu lista de tareas pendientes.

Para deshacerte del desorden, por supuesto, ¡límpialo!

Esto no es fácil para todos, especialmente si tienes un montón de cosas que hacer con poco tiempo. Yo tenía la mala costumbre de comprar libro tras libro sin leer los que ya había comprado, revisaba cosas en la biblioteca y leía en mis diversos dispositivos, lo que significa que tenía mucho más contenido del que debería leer.

Una vez que mi estantería se quedó sin espacio, comencé a apilar los libros en mi escritorio y en otros lugares de mi oficina, pensé que verlos me animaría a leerlos antes que otros, pero todo lo que hizo fue recordarme cuánto tenía que hacer.

Me sentía culpable por no leer esos libros y gastar dinero en otros nuevos. Empezaba a escribir o hacer otro trabajo y luego me distraía porque volvía a caer en mi culpa por la pila de libros descuidados en la esquina.

. . .

Me recordaría cosas que nunca había hecho en mi pasado y sentía pánico por el poco tiempo que tenía, me estresaba por el dinero desperdiciado. Todos estos pensamientos desencadenarían otros momentos de ansiedad hasta que me asustaba demasiado como para seguir trabajando.

Un día, cuando el espacio para libros finalmente creció más que mi espacio de trabajo, decidí que era suficiente. Cualquier libro del que pudiera obtener una versión digital decidí regalarlo, también tuve que ser honesto conmigo mismo sobre lo que probablemente nunca leería. Una vez que mi colección fue purgada, tuve más espacio en mi estantería y creé la regla de regalar algunos libros por cada pocos que compraba. Admito que todavía tengo una pila que no encaja, pero todos tenemos nuestros pequeños momentos de romper las reglas, lo que más importa es que mantengo este montón fuera de la vista.

No pienses en deshacerte de tu desorden como una gran tarea de enormes proporciones, divide todo en secciones. Incluso si tienes que dividirlo por cuartos o quintos, crea estos espacios individuales que deseas abordar. Cuando no puedas limpiar el desorden, déjalo fuera de la vista, a pesar de que puedes estar haciendo todo lo posible para ignorarlo, los ojos errantes aún pueden hacer que tu atención vuelva a un lugar de estrés y pánico mientras te preocupas por las cosas que tienes que limpiar.

· · ·

No tengas miedo de tirar las cosas. Si no te importa lo suficiente como para mantenerlo limpio y ponerlo en su propio espacio, es probable que no lo necesites.

Imagina que entraste en tu oficina un día y alguien más la limpió, ¿cuáles son las diez cosas que te molestaría si las hubieran desechado? Si ni siquiera puedes pensar en diez, es hora de dejar ir estas cosas.

Tampoco tienes que ser minimalista, simplemente invierte en algunos archivadores, cajones de plástico y otras formas de ocultar tu desorden, al menos por el momento. Con el tiempo, tendrás el espacio y el tiempo adecuados para mantener todo ordenado, pero también es importante esconderlo en los momentos en que no puedas acceder a esto.

Escribe las cosas

Es fácil mantener nuestro trabajo digital, pero eso a menudo deja todo al aire. Si tienes dificultades para prestar atención en el trabajo, considera cómo puedes participar más en el momento, puede ser haciendo preguntas en las reuniones o asumiendo un papel activo en un proyecto.

. . .

Escribe las cosas porque reafirma un punto en tu mente.

Si escribes una meta, es más probable que desees comprometerte con ella en lugar de tenerla rondando en tu cabeza; si escribes una tarea, es más probable que recuerdes hacerla. No solo lo repasas en tu cerebro una vez más, sino que le estás dando vida física al crear algo que escribes con un lápiz sobre un papel.

Escribir también es muy beneficioso porque es como un acto de atención plena. Estás sacando tu atención de donde sea que esté vagando y te estás obligando a concentrarte en el papel o la computadora. Cuando escribes algo, debes usar todos los dedos, los ojos y la mente para registrar información importante; si escribes con un bolígrafo, se aplican las mismas reglas y también sientes físicamente que las palabras se vuelven permanentes en el papel.

Haz siempre accesible la escritura y el registro. Lleva contigo un cuaderno o diario en todo momento, ten un documento de Word vacío en tu computadora con el que puedas registrar cosas fácilmente:

- Escribe cualquier idea que tengas sobre el trabajo, ¿qué puedes hacer para ser más productivo/a?
- Anota las ideas que tengas en casa, ¿qué proyectos quieres hacer o qué esperas agregar a tu espacio?

- Escribe las ideas que tengas sobre la vida, ¿te vienen a la mente lecciones y virtudes importantes?
- Escribe las cosas que involucren cómo te sientes, ¿puedes reconocer y hacer un seguimiento de tus emociones?

Una vez que tengas un registro físico de estas cosas, es más fácil retroceder en el tiempo y reflexionar sobre ellas. Puedes verificar tus objetivos, profundizar en tus valores, responder las preguntas abiertas que tengas. Anota también los pensamientos ansiosos, este ha sido un método útil que me ha dado la oportunidad de reconocer mejor mis pensamientos y sentimientos.

Cuando me siento ansioso, rápidamente saco algo para tomar nota de la emoción que tengo, anoto cómo se siente en mi cuerpo. Esto también lo hago con los impulsos que tengo, ¿cuál es el impulso?, ¿cuál es el detonante?, ¿cuál es el resultado que espero tener?

Por lo general, cuando termino de escribirlo, me siento aún mejor conmigo mismo. A veces, incluso escribo notas y mensajes imaginarios a personas con las que me siento frustrado para evitar arremeter contra ellos o empeorar las cosas.

Cuando puedes desahogar y dejar salir tus emociones en una página, se vuelve más fácil ver ante cuáles debes tomar medidas y cuáles podrían ser las que puedes evitar. Si hay un problema subyacente más profundo dentro de ti, como una inseguridad o miedo, esto podría ayudarte a superarlo. Solo recuerda, si alguna vez escribes una diatriba furiosa que no quieres que nadie más vea, ¡asegúrate de borrarla de tu teléfono/computadora o romper el papel en pedazos!

Aumento de la productividad

Para ser productivo/a, no necesitas más tiempo, necesitas saber cómo enfocar mejor tu atención.

Para ser más productivo/a después de haber hecho toda esta planificación eficiente, una cosa importante que quiero que recuerdes, sobre todo, es que la productividad no se trata solo de hacer las cosas rápidamente. El arte del autocontrol consiste en tomar tu mente y orientarla hacia algo. Si una tarea te toma una hora y media, y le dedicas el 100% de tu enfoque, eso es mejor que terminar una tarea en 45 minutos sin siquiera pensar en ella. Algo falso y completamente inventado rápidamente se derrumbará mucho más rápido que algo que hayas creado con una base sólida.

Lo que pasa con la productividad es que todos corremos pensando que necesitamos hacer las cosas rápidamente; la vida se siente como una carrera constante, siempre estás compitiendo con la gente para ser el/a primero/a. A veces existe la presión de ser el/la primero/a en encontrar el mejor cónyuge, ponemos mucha presión en las citas y en encontrar a la pareja adecuada. Hay presión para empezar a tener hijos una vez que te casas y antes de eso, hay presión para ingresar a la universidad y encontrar el trabajo mejor pagado.

Estamos presionados para hacer todo esto lo más rápido posible, nos dicen que cuanto antes tengamos algo, mejor. Nada de esto importa si no ponemos esfuerzo, enfoque y pasión en ello. Lo que verás cuando comiences a reenfocar tu mente y a tener control sobre tus pensamientos, es que las cosas suceden rápido de forma natural.

Solía trabajar en una tienda minorista, estábamos ubicados en una calle bastante transitada. Cada día era un poco diferente en cuanto a lo ocupados que estábamos, algunos días tenía un cliente al día y me aburría muchísimo; otros días, tendría clientes sin parar. En los días en que tenía más clientes con los que realizar transacciones, el tiempo volaba, estaba tan ocupado constantemente que un día me parecía una hora, apenas tendría tiempo para fichar antes de que llegara la hora de salir. Si bien era abrumador y no tenía tiempo para pensar por mí mismo, podía ver volar mis horas programadas, haciendo que el tiempo pareciera mucho más rápido.

· · ·

En los días que iban lentos lentos, miraba el segundero. Una hora se sentía como un día cuando estaba tan lleno de tiempo pero sin clientes. Lo que hay que recordar es que el tiempo se siente como algo tan estricto y mesurado que, sin embargo, cuando no prestas atención a los números, realmente no hay diferencia.

Los animales no tienen sentido del tiempo como nosotros, es por eso que los gatos pueden estar acostados todo el día y realmente no les importa, es por eso que los perros se sientan junto a la puerta y esperan a que sus dueños regresen a casa durante ocho horas al día; un segundo y una hora pueden parecer lo mismo si no prestas atención al reloj.

Ser productivo/a no se trata de ganar más minutos, se trata de hacer un trabajo de mayor calidad a partir de aquello a lo que dedicas tu tiempo. Si completas una tarea en media hora, es posible que la eches a perder porque estás apresurado/a, por lo que tendrás que volver y rehacerla, tomando otra media hora. Originalmente, si le hubieras dado todo tu enfoque, podrías haberlo eliminado en una hora y tener algo realmente de calidad.

No te obligues a sentirte ocupado/a, oblígate a entregar toda tu pasión hacia cada tarea que te propongas completar.

. . .

Planifica momentos para descansar

La mayoría de nosotros somos conscientes de que tomar descansos es genial, es divertido, ¡no tienes que trabajar! Tienes la oportunidad de relajarte, tu mente está tranquila y normalmente puedes hacer cosas divertidas como dormir o comer. No se puede negar que tomar descansos es beneficioso para nuestra felicidad, sin embargo, a menudo nos hacemos sentir que esto es negativo para nuestra productividad. Puedes pensar que tomarte demasiados descansos te quitará la concentración, puede parecer una pérdida de tiempo y la culpa que viene después puede distraer mucho; sin embargo, tomar descansos es muy importante.

En primer lugar, te brinda algo que esperar. En lugar de pensar *"oh, tengo que hacer esto en una hora"*, piensas *"oh, tengo que hacer esto en 45 minutos y luego tengo ese momento para relajarme"*.
De esto es de lo que ya hablamos al referirnos a ciclos de trabajo de 90 minutos. También es importante tomar descansos porque le da a tu mente la oportunidad de refrescarse.

Piensa en ver una serie de televisión, si te sientas y ves una serie durante ocho horas con episodios seguidos, cuando llegues al final, puedes aburrirte un poco. Es fácil ver el mismo patrón en el programa, reconoces que sucede lo mismo, y siempre hay suspenso al final. Te has acostumbrado al idioma de los personajes y podría ser más entretenido para ti mirar tu teléfono y desplazarte mientras te aburres.

Si lo ves de una semana a otra, debes anticipar lo que sucederá a continuación, recuerdas cosas de la semana anterior mientras miras el resumen, tienes que generar anticipación. Analizas más porque tu mente se ha separado, ya no estás en piloto automático, consumiendo información a tu alrededor.

Por alguna razón, solía enorgullecerme de no tomar muchos descansos, creía que cuanto más trabajo hiciera, mejor. Trabajaría durante tres horas seguidas y luego tal vez tomaría un descanso de una hora, sin embargo, cuanto más largo era el descanso, más difícil era volver al trabajo. Lo que terminó sucediendo fue que simplemente trabajé en ráfagas en lugar de en períodos largos, así que aunque hice 3 horas seguidas, esas podrían ser las únicas tres horas productivas para mí. Corría a toda velocidad en lugar de trotar, pero tenía que recorrer una gran distancia.

Ahora vivo por la regla de un descanso cada 50-70 minutos. Me esfuerzo por 50 minutos, pero como escritor es difícil mantener el hilo mental una vez que tu escritura comenzó a fluir; hacer una pausa por un momento puede ser el impulso necesario para abordar una sección con claridad mental.

· · ·

Limito mis descansos a cinco minutos, a menos que esté almorzando o cenando cuando trabajo por la noche; luego me daré de treinta minutos a una hora dependiendo de dónde esté mi cabeza.

Si me siento particularmente productivo y emocionado por el trabajo, me daré solo treinta minutos para asegurarme de que sea fácil volver a donde estaba, si estoy luchando y teniendo un día de trabajo particularmente frustrante, me limitaré a un descanso de una hora para, con suerte, cambiar mi estado de ánimo o mi concentración mental para cuando termine el descanso.

También es importante para mí planificar algo que hacer en ese descanso para no perderme en mi teléfono o ver un video. Esto podría consistir en tomar una siesta rápida en la otra habitación durante 15 minutos, tal vez entro y juego un juego en mi teléfono durante diez minutos para ayudarme a reenfocarme, quizás tengo un rompecabezas en otra habitación y tomo un descanso mientras agrego algunas piezas durante cinco minutos. A veces me doy una ducha o salgo a dar una vuelta rápida a la manzana, podría prepararme un poco para una comida para más tarde o incluso tomar un refrigerio rápido.

Cuando programes tus propios descansos, trata de estar en un espacio aislado cuando lo tomes, evita sentarte en el escritorio de tu oficina y desplazarte por tu teléfono o navegar por la web porque en realidad, no se sentirá como un descanso, sino como si todavía estuvieras trabajando. Durante este descanso, intenta hacer al menos un movimiento mínimo: haz algunos estiramientos rápidos, siente que tu espalda, brazos y piernas tienen oportunidades adecuadas para expandirse y relajarse.

Si estás realizando una tarea que requiere mirar la pantalla de una computadora, descansa la vista, no se recomienda pasar de mirar su computadora a mirar tu teléfono y volver a mirar tu computadora. Si no tienes una tarea que hacer durante este descanso que no requiera ningún dispositivo electrónico, tómate al menos cinco minutos para cerrar los ojos; ve al baño, lávate la cara y siente ese rejuvenecimiento visual.

Está bien no tener una tarea específica, lo importante es que te distraigas de pensar en el trabajo. Si no quieres ver tu teléfono, si no quieres jugar un juego, si no quieres cocinar, dormir o hacer cualquier otra cosa, puedes simplemente sentarte, está bien.

Siéntate en la puerta de tu casa y mira el árbol de tu patio delantero mientras sopla el viento, siéntate en tu cama y observa la forma en que las sombras del árbol afuera bailan a través de la pared.

·   ·   ·

Suena simple, pero el punto no es hacer nada complejo o confuso, la idea es simplemente eliminar algo de ansiedad y crear una perspectiva más enfocada. Por supuesto, no te pongas en un lugar donde te puedas quedar dormido/a, busca moverte físicamente y separarte del trabajo que estás tratando de hacer. Volverás trabajando aún más fuerte al final.

6

Recarga tu cerebro con descanso, alimentos saludables y ejercicio

PODRÍAS SER la persona más productiva del planeta, pero si no tienes cuidado, te agotarás. Nuestros cuerpos funcionan con lo que les proporcionamos, si no le estás dando a tu cuerpo las vitaminas, los nutrientes, el descanso y el ejercicio adecuados, estos factores se verán reflejados en tu desempeño sin importar cuánto esfuerzo le dediques.

Tu salud es lo más valioso que tienes. Algunas cosas que involucran nuestra salud siempre estarán fuera de nuestras manos, pero cuando tu salud se vea amenazada, incluso en lo más mínimo, te darás cuenta de lo importante que es aprovechar lo que está bajo tu control.

Saber cuándo detenerte

Un aspecto importante de saber cuándo detenerse es comprender cuándo se requiere decir *"no"*. Es fácil trabajar constantemente cuando tienes tanto que hacer, y con otras presiones que nos rodean, es difícil saber cuándo es apropiado parar; a veces nos esforzamos constantemente para seguir logrando más y más. Si sigues quemando tu límite solo te lastimarás al final, no podrás hacer las cosas de manera productiva; en cambio, te sentirás estresado/a por todo lo que aún queda por hacer mientras te concentras en las tareas y no les prestas toda tu atención.

Sabes que es hora de parar cuando continuamente fallas, cuando sigues obteniendo el resultado incorrecto y cuando sigues intentando algo y no funciona como debería. Todas estas situaciones son señales de que es hora de detenerte, no puedes esperar resultados diferentes al hacer lo mismo una y otra vez. Si no se te ocurre una nueva manera de hacer las cosas, es hora de simplemente alejarte y volver a intentarlo más tarde; esto no es fácil para la gente porque no quieren sentir que se están rindiendo.

Lo único en lo que realmente puedo ayudarte en este escenario es recordarte que debes decirte a ti mismo/a que está bien tomar un descanso, esa es la única solución que te ayudará a regresar refrescado/a para completar la tarea.

A veces, la única forma de asegurarte de que vas a hacer algo es tomando un descanso, date esa claridad mental. Permítete momentos de tiempo en los que puedas refrescarte y reiniciar tu cerebro, es hora de detenerte y dejarte llevar cuando otras personas a tu alrededor te pidan que lo hagas. Si notan que estás estresado/a y que te estás presionando demasiado, es una señal clara de las circunstancias externas de que es hora de dejarlo ir. No podrás lograr algo beneficioso y útil si continúas presionándote de manera negativa.

Si no puedes imaginarte cómo tener éxito y ni siquiera puedes ver cómo serán los resultados finales, es hora de tomar un descanso y dar un paso atrás. Hay algunas situaciones en las que no siempre sabemos cómo van a salir las cosas, sin embargo, podemos percibir una forma potencial en que lo harán.

Si ni siquiera puedes imaginar cuál puede ser el resultado, es hora de que te vayas y dejes ir ese proyecto o situación.

Esto no significa que te detengas para siempre, detenerse es como tomar un descanso para llenar el tanque de gasolina, no querrás conducir por todo el país sin poder llenar tu tanque, ¿verdad? Tienes que detenerte y rejuvenecer para tener la oportunidad de volver aún mejor la próxima vez.

Da un paseo y considera la posibilidad de practicar yoga

Dar un paseo sencillo a veces es todo el ejercicio que necesitas. Todo el mundo sabe que necesita hacer más ejercicio y, a menudo, pensamos en el ejercicio como tener que contratar una membresía cara a un gimnasio o comprar equipo para entrenar la fuerza durante el día. Afortunadamente, no tienes que gastar todo tu dinero tratando de ponerte en forma, una de las maneras más fáciles de incluir ejercicio en tu vida es salir a caminar.

Caminar es maravilloso porque no es solo para mejorar tu salud física sino también mental. Eres capaz de alejarte de cierta situación y pasar por procesos mentales que necesitas superar, puedes aliviar la ansiedad y recuperar la concentración cuando te estés presionando demasiado. Caminar también es importante porque es un ejercicio de bajo riesgo que todos pueden hacer, sin importar si eres un experto en *fitness* o alguien que no ha hecho ejercicio en más de una década, puedes ponerte de pie y caminar.

Esto puede llevarte a lugares nuevos, como rincones ocultos de tu vecindario, y es algo productivo que puede ahorrarte dinero o gasolina. Se recomienda que todo el mundo haga unos 30 minutos de ejercicio al día, la forma en que realices este ejercicio depende completamente de ti, pero caminar es un excelente lugar para comenzar.

Cuando salgas a caminar, asegúrate de estar atento/a, presta atención a la naturaleza que ves a tu alrededor y observa cada tipo de sentido que aprovechas. ¿Qué ves, qué oyes y qué hueles, qué saboreas?

· · ·

A veces puedes saborear las gotas de lluvia cuando caen, puedes oler las flores a tu alrededor, puedes escuchar los pájaros, los insectos, las abejas y todo lo demás.

Comenzar a caminar me enseñó a ser más consciente de mi persona y de mi entorno, me ayuda a concentrarme en mi salud y a prestar atención al presente en lugar de pensar en otras cosas. Cuando caminaba por la calle, notaba diferentes aspectos de la naturaleza, disfrutaba de los escaparates de las diferentes tiendas y captaba desde la ventana de un apartamento lo que alguien podría estar viendo en la televisión. No es que miraría y criticaría todas estas cosas, pero las absorbería segundos a la vez mientras continuaba hacia mi destino.

Me di cuenta de que pasaban otras personas y diferentes coches, preguntándome a dónde irían. Prestaba atención a cómo se movía mi cuerpo cuando caminaba, notaba si estaba encorvado incluso mientras caminaba y trataba de pararme con la espalda recta.

Mantendría la cabeza en alto y miraría a mi alrededor en lugar de mantener el cuello inclinado hacia el suelo, me aseguraba de equilibrar todas las partes de mis pies en lugar de simplemente caminar sobre los talones o los dedos de los pies.

· · ·

Era agradable respirar aire fresco, incluso cuando estaba rodeado de gente y contaminación en la ciudad. Más importante aún, esta caminata reconstruyó mi relación con el ejercicio, lo que hizo que fuera más fácil concentrarme en mi salud en lugar de en el objetivo final.

Otro ejercicio que tenemos que considerar es el yoga.

El yoga no es algo que solo pueda lograr un acróbata, a veces tenemos esta visión del yoga en la que te conviertes en un pretzel humano con las piernas girando, a menudo también se asocia con prácticas religiosas. Aunque puede tener orígenes dentro de la religión, no es necesario que uses el yoga para esos fines en este momento.

El yoga es una forma de estirar y mover el cuerpo para ayudar a liberar la tensión donde se necesita. Para comenzar una sesión de yoga, comienza sentándote en el suelo con las plantas de los pies juntas, lleva los talones hacia la ingle lo más que puedas, siéntate derecho/a y siente cómo tu espalda se vuelve perpendicular al suelo. Puedes colocar una mano en cualquiera de las rodillas.

A partir de ahí puedes incorporar algunos ejercicios de respiración, e incluso meditar un momento. Otras posiciones de yoga fáciles para principiantes incluyen el árbol, donde tienes la planta del pie colocada en la parte superior del muslo y las palmas de las manos juntas. Puedes probar una pose de guerrero, en la que una rodilla está doblada frente a la otra con la otra pierna recta detrás de ti. Puedes juntar las palmas de las manos y levantarlas hacia el cielo, también puedes mantener los brazos paralelos al suelo con un brazo delante de ti y un brazo detrás.

El ejercicio ha sido una de las formas más efectivas en las que he aprendido a controlarme.

Nunca fui el tipo de persona a la que le gusta hacer ejercicio, la idea de levantar pesas y caminar sobre una gran máquina no me atraía. No fue hasta que una amiga mía que realmente disfrutaba el yoga me hizo comenzar a probar diferentes ejercicios que vi su valor.

Ella sabía que tenía que trabajar en mi salud, pero también entendía mi falta de conexión con el ejercicio tradicional, ella me enseñó algunos movimientos simples y realmente me abrió la mente a diferentes oportunidades. El yoga es algo que puedo hacer donde y cuando quiera. Una vez que me he entrenado lo suficientemente bien con una determinada posición, me siento cómodo llevándolo al siguiente nivel y agregando más variaciones para un mayor desafío.

El yoga es una forma de relajar la mente y el cuerpo al tiempo que incorporas algunos métodos sencillos para aumentar la resistencia y el autocontrol. A veces puedes desafiarte a ti mismo/a para mantener las posturas por más tiempo y realmente esforzarte para ver cuál será tu nivel de concentración. Si estás sintiendo incomodidad, entonces puedes trabajar eso en tu mente para volverte más fuerte después.

Cuando salía a caminar, a veces me esforzaba por ir un bloque más a la vez, me preguntaba *"¿por qué no puedes ir solo una cuadra más?"*, nunca se me ocurrió una excusa válida, así que seguiría avanzando hasta que me cansara demasiado físicamente. Todavía tendría que caminar de regreso, así que sabía cuándo me esforzaba demasiado.

Todavía voy al gimnasio para mejorar mi salud y las máquinas de ejercicio también me han ayudado a mejorar mi autocontrol. Una cosa importante que realmente ha moldeado mi capacidad para tener éxito con cualquier tipo de ejercicio es combinarlo con la música adecuada. A veces, caminar en una caminadora puede parecer realmente aburrido, pero si te pones los audífonos, esto ayuda a mantener tu cerebro aún más distraído.

Puede subir el volumen hasta ahogar el ruido de fondo y sentir el ritmo de la música pasar suavemente por tu cuerpo, también puedes asegurarte de caminar sincronizado/a con la música y no temas bailar un poco mientras caminas, la mayoría de las personas en el gimnasio están más concentradas en sí mismas que en cualquier otra persona.

· · ·

Mantente hidratado/a

El agua es increíblemente importante, si realmente deseas concentrarte en tu salud, debes prestar atención a la forma en que te mantienes hidratado/a. Se recomienda que todos tomen ocho vasos de agua de ocho onzas al día. Es más fácil decir cuatro vasos de 16 onzas, pero algunas personas pueden apagarse cuando piensan que tienen que beber cuatro libras de agua, ¡parece mucho que expulsar cuando vas al baño!

Recuerda que el agua no solo sale directamente del grifo, sino que tu cuerpo absorbe una gran cantidad.

Considera los alimentos acuosos, cosas como lechuga, apio y sandía. El agua es absolutamente esencial para darte la oportunidad de sentirte rejuvenecido/a. Hay algunos consejos importantes que debes recordar para estar más hidratado/a.

En primer lugar, toma un vaso de agua antes de hacer cualquier otra cosa al iniciar el día. En lugar de empezar con café o desayunar directamente, hidrátate; incluso si haces ejercicio a primera hora de la mañana, bebe agua de antemano. Haz esto antes de tomar una ducha, antes de cepillarte los dientes, antes de revisar tu teléfono, etc. ¡Bebe un poco de agua para obtener tanta energía de inmediato como una taza de café podría dar!

· · ·

Otra regla importante es tener siempre agua con cada comida, independientemente de si tomas o no otra bebida. Está bien si quieres darte un capricho con una copa de vino o incluso un refresco, pero tómate un vaso de agua para acompañarlo. A veces, las bebidas que tenemos, como las gaseosas, pueden hacernos sentir incluso más sedientos debido al alto nivel de azúcar que contienen.

El agua a temperatura ambiente siempre es lo mejor para tu cuerpo y es importante beberla en lugar de tragarla.

Mantén una botella de agua de vidrio o de metal contigo en todo momento, si decides optar por plástico, asegúrate de elegir algo que no contenga BPA para evitar agregar a tu dieta cualquier químico que pueda alterar las hormonas. Te darás cuenta de que muchos de los problemas que podrías tener, especialmente los problemas de autocontrol, podrían deberse a que estás luchando por mantenerte hidratado/a.

Si tienes sed, puedes estar letárgico/a, cansado/a, tener dolor de cabeza, sentirte débil y puedes tener dolor en los músculos. Nuestro cuerpo necesita agua para todo.

A menudo, es la primera cura que debes probar cuando tienes una de estas dolencias menores. Mientras más agua bebas, mejor, siempre y cuando no te atasques, ya que esto podría sobrecargar tus riñones.

. . .

Bebe sorbos lenta y constantemente a lo largo del día.

Siempre me recuerdo a mí mismo que tres quintas partes de mi cuerpo son agua, si no le estoy proporcionando esta mezcla química esencial a mi cuerpo, ¿cómo puedo esperar que funcione correctamente?

Siesta y descanso

Las siestas no tienen por qué ser una prueba de una hora, las siestas rápidas durante el día pueden darte una buena explosión de energía. La siesta y el descanso son absolutamente esenciales, deseas que estos momentos tranquilos y apacibles durante la semana te ayuden a recuperar el sueño que podrías perder por la noche.

Incluso si estás haciendo el intento correcto de alargar tus ciclos de sueño y obtener un patrón más saludable, aún deseas incluir un tiempo de inactividad en el que puedas aprovechar al máximo una mentalidad pacífica.

Es importante recordar que no debes dormir menos de seis horas desde que te vas a dormir o seis horas desde que has despertado. Por ejemplo, si despiertas a las 10 am, no debes tomar una siesta sino hasta las 4 pm.

Si planeas irte a la cama a las 10 pm, las 4 pm sería lo más tarde que puedas tomar tu siesta.

Debes considerar tus ciclos de sueño. Entras en la etapa más profunda del sueño después de 90 minutos; a los 30 minutos, generalmente comienzas a entrar a etapas posteriores del sueño que hacen que sea más difícil despertarte, es por eso que 30 minutos deberían ser un límite para el tiempo de siesta.

Si necesitas más tiempo, no consideres una siesta, no duermas solo una hora y media, esto es demasiado largo. Has puesto tu cuerpo en un estado de sueño profundo, así que cuando te despiertes, será aún más difícil tener energía. Si necesitas dormir, tómate al menos cuatro horas, porque este es un ciclo completo. Si bien puede parecer que necesitas más de 30 minutos, cualquier cosa más puede llevarte más profundamente a un estado de sueño.

Cuando duermas la siesta, asegúrate de tratar la situación como si te fueras a la cama. Elimina todas las distracciones, visual y auditivamente.

Incluso si no te quedas dormido/a, mantener los músculos relajados, cerrar los ojos y concentrarte en la respiración puede ser suficiente para recargar la energía y ser más productivo/a después.

. . .

Rodéate de naturaleza

Conectarte con la naturaleza puede ser difícil. En un nivel simple, puede que no te guste, tal vez te calientes y sudes fácilmente cuando estás bajo el sol, quizás los insectos te molesten, tal vez necesites estar rodeado/a de tecnología y luz artificial. Cualesquiera que sean tus preferencias, está perfectamente bien, sin embargo, lo que debes recordar al final del día es que somos animales, necesitamos la naturaleza porque somos naturaleza. Es parte de nosotros y somos parte de ella.

Incluso si nunca te gusta salir de tu casa, todavía hay formas en que puedes incorporar la naturaleza a tu vida. En primer lugar, hazlo de forma sencilla, deberías tener una planta en cada habitación.

No solo son visualmente atractivas, sino que ayudan a limpiar el aire, pueden proporcionarte energía y te da una responsabilidad de la que puedes estar orgulloso/a.

Algunas de las plantas más fáciles de cuidar son las plantas araña y los lirios de la paz. Los lirios de la paz se inclinarán y apuntarán hacia el suelo cuando necesiten agua, lo que facilitará a los propietarios mantenerse al día con el horario de alimentación. Las suculentas también pueden ser muy fáciles de cuidar, todo lo que necesitas es una ventana soleada y un poco de espacio para colocar la planta. También puedes comprar recipientes de riego automático.

Si no eres el tipo de persona que cuida plantas, considera tener hierbas frescas e incluso verduras en tu cocina. La mayoría de nosotros tenemos una ventana en la que podemos colocar un plato pequeño para ayudarnos a cultivar algo especial. También intenta incorporar cosas literalmente verdes en tu casa, esto significa paredes verdes, mantas verdes, almohadas verdes, cuadros verdes, luces verdes y cualquier cosa verde que puedas incluir en el espacio que te rodea. Puedes engañar a tu cerebro para que piense que estás rodeado/a de más naturaleza usando solo el color.

También puedes incorporar olores naturales y aromas florales para ayudarte. Cuando te estés relajando, trabajando o haciendo cualquier otra cosa para la que desees ruido de fondo, elige sonidos naturales. Puedes encontrar cientos y cientos de videos en YouTube y en Internet que te brindan sonidos naturales que podrían adaptarse a tu estado de ánimo.

Aprende del pasado y emociónate por el futuro

. . .

Como ya comentamos, la mayoría de las veces el estrés implica arrepentirse y sentirse culpable por el pasado y tener miedo de lo que sucederá mañana. Tan pronto como aprendas a seguir la regla que acabamos de mencionar en el subtítulo, será mucho más fácil para ti mantener tu enfoque y tener control sobre tu vida.

Primero, hablemos del pasado.

La culpa y el arrepentimiento no siempre tienen por qué ser una pérdida de sentimientos, a menudo pueden enseñarnos cosas importantes para el futuro. Por ejemplo, tal vez te sientas culpable por la forma en que trataste a tu ex pareja, quizás debiste esforzarte más en la relación. Podrías sentarte allí todo el día y pensar en lo que podrías y debiste haber hecho, en cambio, piensa en cómo evitarás que eso suceda en el futuro.

Aprendes de tu pasado cuando lo transformas en algo que usarás como herramienta para el mañana. Al intentar cambiar las cosas fuera de tu control, solo estás perdiendo tiempo. Todo el mundo dice que la culpa te mantiene estancado/a en el pasado... *"Atrapado/a en el pasado"*. No sabía lo que significaba en un nivel más profundo, pero comprendía que mantenía nuestro cerebro en un lugar diferente. Durante una caminata vespertina particularmente pensativa, finalmente hizo clic:

. . .

No solo estaba usando la energía de mi cerebro para pensar en el pasado, estaba guardando pedazos de mí mismo en momentos que ya no existían.

Mi cuerpo estaba cansado porque estaba estresado, mis emociones estaban fuera de control porque estaba reviviendo estos momentos tan emocionales una y otra vez.

No podía seguir adelante porque estaba esposado al pasado.

Por supuesto, partes de mí siempre estarán en el pasado, pero de una manera diferente. Estos deberían ser buenos recuerdos y lecciones aún más difíciles de las que extraigo algo valioso, sin embargo, al dar tanto de mí al pasado, no me quedaba nada para construir para el futuro.

Es posible que aún tengas movilidad si tienes una pelota atada al tobillo con una cadena, pero no podrás llegar tan lejos como alguien que ha aprendido a liberarse. La culpa y el arrepentimiento hacen surgir sentimientos dentro de nosotros que no son fáciles de manejar, nos llevan a un momento de nuestra vida que ya no podemos cambiar. No tienes más opción que reproducir la situación una y otra vez, cuanto más hagas, más lagunas encontrarás.

Tu cerebro puede ser realmente un experto en investigar y descubrir cada cosa que podrías haber hecho mejor. La cuestión es que, sin importar lo que hubieras hecho en esa situación, tu cerebro podría encontrar una forma de arrepentirse. Incluso si hiciste todo a la perfección, y con exactamente las mismas emociones que todos los demás tendrían si estuvieran en la misma situación que tú, tu cerebro aún puede encontrar formas de hacerte sentir arrepentido/a.

Así es como estamos conectados, tenemos esta naturaleza investigadora. En realidad, es una cosa que nos separa de muchos otros animales. Tenemos la capacidad de cuestionarnos realmente y adentrarnos en profundos ciclos de pensamiento filosófico, pero tienes que aprender a dejar ir. Desafiemos esos pensamientos y distorsiones cognitivas que revisamos y vuelve tu atención hacia el futuro.

Ahora, cuando se trata de entusiasmarse con el futuro, vas a hacer lo contrario de lo que acabamos de decir.

Vas a mirar al pasado.

Hay dos formas de mirar el pasado para emocionarse con el futuro, la primera es recordarte a ti mismo/a que todo ha funcionado, como debería, hasta ahora.

Por ejemplo, supongamos que tienes un trabajo y has estado en el mismo lugar durante los últimos tres años.

· · ·

Recientemente, tuviste un proyecto que terminó y en el que no te sentiste muy seguro/a, piensas para ti mismo/a *"esto es todo. Me despiden. Estoy perdiendo mi trabajo. Estoy perdiendo mi dinero. Estoy perdiendo mi casa. Lo estoy perdiendo todo, todo por este proyecto".* Es fácil ser extremadamente temeroso/a así, pero ahora mira el pasado: has trabajado allí durante tres años, has hecho todo este esfuerzo y has hecho un gran trabajo. Nunca antes te habías metido en problemas, y cuando has tenido momentos en los que te has sentido como ahora, las cosas salieron mejor de lo que podías haber predicho. Incluso si esto es un gran fallo en el trabajo y te metes en un montón de problemas, has invertido esos tres años al menos, así que valió la pena.

En una segunda situación, tal vez las cosas hayan salido mal en el pasado, por lo que eso podría acelerarte para tener aún más miedo al futuro. Digamos que en otro trabajo has tenido un desempeño muy bajo en el pasado, te has metido en muchos problemas, y este proyecto reciente realmente podría ser lo que te lleve al límite. Ahora, ¿qué puedes recordar del pasado para sentirte más emocionado/a por el futuro? Bueno, recuerda reflexionar sobre tus errores, ¿qué tenían esos proyectos pasados que te metieron en tantos problemas?, ¿cómo puedes mejorar a partir de eso para evitar que vuelvas a repetir el mismo error? Piensa fuera de la caja y analiza realmente tu desempeño desde la perspectiva de tu jefe para evitar cometer ese error una vez más.

. . .

Alternativamente, considera cómo no has sido feliz. No has tenido éxito en el trabajo y no te ha ido bien, siempre tienes dudas y estás constantemente asustado/a. Quizás este terrible resultado que tanto temes no es tan malo, quizás perder tu trabajo es exactamente lo que necesitas para impulsarte a una vida más feliz.

No debes estar constantemente asustado/a y nervioso/a todo el tiempo, si no puedes encontrar una manera de cambiar eso mirando tu pasado, podría ser una señal de que necesitas un cambio dramático.

De cualquier manera, tu pasado puede ser un catalizador para un futuro más positivo y esperanzador. Se trata de encontrar el uso de estos pensamientos recurrentes y estresantes en lugar de dejar que se conviertan en la base de cómo evaluamos la vida.

7

Empieza a meditar y toma descansos

CUANDO ESTÉS INICIANDO hábitos más saludables, como dar un paseo, es importante concentrarte en estas actividades. ¿Cuál es el punto de pasear por un sendero natural si estás demasiado preocupado/a por tomar una foto para subir a tus redes sociales?

No entendí la meditación por un tiempo, me parecía falso, la idea de aclarar tus pensamientos sonaba como una tontería total. Entonces comencé a practicarla. Me encontré con un video de meditación guiada mientras navegaba por la web un día y pensé en intentarlo, siendo la persona de mente abierta que soy. Me quedé impactado.

Siempre pensé que mi estrés y ansiedad estaban profundamente arraigados en mi biología, ¿quién sabía que una meditación de 10 minutos era todo lo que necesitaba?

· · ·

Empecé a practicar más y más, dándome cuenta de que era algo que podía eliminar por completo gran parte de mi ansiedad, así que dejé que la meditación fuera mi botón de reinicio. Después de hacer de este importante descanso una parte saludable de mi rutina, descubrí que mis días sin meditación eran mucho menos productivos. Sin embargo, este capítulo no se trata solo de meditación. Antes de llegar a este proceso mental, hay algunos otros pasos cruciales para implementar primero.

Desarrolla tu intuición y confronta tus pensamientos

La intuición es la sensación en tu estómago que tienes que aprender a escuchar.

A veces sabemos lo que está bien y lo que está mal, pero es fácil ignorar esos sentimientos y tomar la ruta más sencilla o más emocionante. Para aprovechar tu intuición, debes aprender a escuchar esa voz en lo profundo de ti.

Siempre que tengas que tomar una decisión, responder una pregunta o lidiar con una emoción, observa las primeras palabras que pasan por tu cabeza, ¿cuál es ese pensamiento inicial? El primer pensamiento es a menudo lo que estamos entrenados para pensar. Esto se hace a través del condicionamiento social, como lo que tus maestros, compañeros y padres te enseñaron cuando eras niño/a. Los pensamientos que siguen serán tu propia solución lógica.

Siempre que sientas que tus pensamientos se están volviendo locos, intenta desafiarlos preguntando "*entonces, ¿qué debo hacer al respecto?*". Cuando descubro que estoy atrapado en ciertos pensamientos, sé que debo enfrentarlos, por lo que he creado un diálogo conmigo mismo para llegar a la raíz de donde vienen estos pensamientos.

Digamos que te estás mirando al espejo y piensas "*vaya, soy horrible*". Cuando hagas eso, finge que eres un amigo que se enfrenta a esa afirmación: ¿qué te hace decir eso?, ¿quién te dijo eso?, ¿por qué crees que es verdad? ¿Tienes pruebas para respaldar esa afirmación?

Tu intuición se desarrolla cuando dejas que esa voz desafiante se fortalezca. Cuando puedes mirarte en el espejo y pensar "*soy feo/a*", pero luego continuar con "*no, esa es una mentira descarada*", sabes que tu intuición es fuerte.

Incluso cuando estés realmente indeciso/a acerca de una decisión o resolución de un problema, confía en tu instinto, si te equivocas, significa que tienes una lección que aprender. Es incómodo confiar en ti mismo/a al principio, especialmente si tienes problemas de autoestima. Sin embargo, eventualmente encontrarás un equilibrio y descubrirás que eres un individuo inteligente en quien debes confiar.

La práctica hace al maestro

A veces, es posible que dediques toda tu atención a una actividad y aun así no puedas mantener la atención adecuada. Si pierdes el tiempo distrayéndote, es posible que tengas miedo de nunca poder prestar atención.

Recuerda que necesitas práctica, ¡los pensamientos que te dicen que te distraigas solo están ahí para empeorar las cosas! Cada vez que te propones terminar una tarea, estás practicando.

Ser perfecto/a no es algo que tengas que lograr. La perfección es un estado del ser y el esfuerzo que pones para completar las tareas. Si puedes decir que entregaste absolutamente todo lo que tenías a una tarea, incluso si al final no lo hiciste perfecto, aun así te esforzaste por alcanzar la perfección y eso es lo que más importa.

Mantener el arte del autocontrol significa que puedes comprender cómo practicar de manera efectiva. Siempre que tengas que completar una tarea, no pienses en ello como hacerlo bien y terminarlo todo.

. . .

Haz de cada intento una experiencia de aprendizaje, prepárate para iniciar con la mente abierta y evaluar lo que estás
haciendo bien y lo que requiere más trabajo.

De esta forma, en el segundo intento, ya estás mejorando sin
esforzarte activamente en el entrenamiento porque en esa
primera sesión, reflexionaste como debe ser.

Ahora, cuando estés practicando y entrenando para ser más
eficiente, hay algunos pasos para hacer que tus prácticas
sean lo más productivas posible.

- Mantén tu enfoque y control, permitiéndote
  tener espacio para practicar y equivocarte.
- Recuerda crear una meta: ¿qué esperas mejorar?
  Al tener una meta, reconoce tus debilidades,
  tienes la capacidad de ver qué fallas te impiden
  alcanzar estos objetivos.
- Realiza un seguimiento de tu práctica, mantén
  un registro real, anota los tiempos que te lleva
  completar las cosas. Compara eso con el objetivo
  que tienes sobre la rapidez con la que deseas que
  se haga algo. Ten fechas y marcas de tiempo
  para que puedas volver atrás y ver cuánto
  esfuerzo has estado poniendo en las cosas.
- Obtén recompensas para ti, ¿de qué vale todo
  esto, si no vas a obtener algo positivo al final?

Para ser un/a gran artista de cualquier oficio, debes completar un proyecto y pasar al siguiente, no es una práctica de tomar el mismo lienzo y volver a trabajarlo una y otra vez. Un artista hace intentos y completa proyectos, para saber qué hizo bien y qué hizo mal, tienes que crear proyectos desde cero y practicar a lo largo del camino. Tienes que tener un objetivo en mente, la recompensa a menudo es el proyecto en sí mismo, pero una recompensa también podría ser el dinero por el que vendas estos proyectos.

- Toma fotografías. Comparar lo que acabas de completar con lo que completaste antes para darte cuenta de lo que hiciste mejor. Mira cada proyecto y considera lo que podrías haber hecho mejor, de modo que tengas una base sobre dónde empezar la próxima vez.

Todo esto es importante en relación con la multitarea, porque a veces con la multitarea, solo queremos acelerar el proceso. Recuerda que es mejor prestar toda tu atención a una cosa a la vez, cuando haces esto, reflexionas de una manera saludable y mejorada para notar en qué eres bueno/a.

Espacios de meditación y ejercicios de respiración

La meditación es algo que querrás comenzar a practicar por tu cuenta para ayudarte a estar más enfocado/a y centrado/a. El primer paso es elegir un lugar específico para meditar, esta es un área de poco tráfico y sin estrés en la que no puedes hacer nada más.

Puedes dedicar una habitación entera a la meditación, o simplemente puedes elegir el extremo opuesto de tu sofá, ¡podrías meditar en un armario vacío si tuvieras que hacerlo! No tiene por qué ser una gran producción, mientras solo medites en este espacio, podrás encontrar el enfoque. Entonces, cuando estás en este espacio físico, es más fácil para tu mente querer entrar en un estado meditativo.

Comienza con la meditación guiada si eres principiante. Hay innumerables videos y audiolibros gratuitos que puedes reproducir en voz alta para entrar en la mentalidad de meditación, lo más importante para recordar es que todo se trata de concentrarte en la respiración. Siente el aire a medida que pasa por tu sistema respiratorio, inhala solo por las fosas nasales cuando medites y exhala con solo un pequeño orificio en la boca. Cuando te concentras en este tipo de patrón, es más fácil asegurarte de mantenerte concentrado/a en tu respiración.

Otro ejercicio para probar la respiración es la respiración de yoga. Tapa el lado derecho de tu nariz e inhale, y luego cambia la fosa nasal que está cerrada y exhala; es una excelente manera de conectar el lado lógico y creativo de tu cerebro para llevar tu enfoque y autocontrol a donde debería estar. Cuenta cuando respires y considera escuchar una canción lenta y respirar al ritmo si sientes que estás entrando en pánico.

No solo tienes que hacer estos ejercicios de respiración cuando estás meditando.

El punto es practicarlos en este entorno para que puedas usarlos más fácilmente fuera de ese espacio de meditación según sea necesario. Siempre que estés luchando por devolver tu enfoque a donde debería estar, recuerda sentir el flujo de aire, es un recordatorio de que todo va a estar bien y que tu cuerpo siempre está trabajando para ti.

Conclusión

Si HAY una sola cosa que hayas obtenido de este libro, espero que sea un reconocimiento de dónde está tu autocontrol en este momento. S todos nos afecta nuestra propia mente de la manera más aleatoria en algunos casos, así que solo una vez que hayas creado ese esfuerzo profundo para acceder a tu mente, podrás descubrir los secretos para superar tus mayores obstáculos mentales.

Este proceso comienza reconociendo tus impulsos. El primer paso no es superarlos, sino simplemente tener en cuenta las cosas que te han estado quitando tiempo.

Para hacer esto:

1. Controla tu tiempo tal como es ahora. No intentes cambiar nada, simplemente observa tus propios hábitos diarios.

2. Reconoce lo que desencadena tus impulsos, ¿qué despierta el deseo de actuar sobre estos impulsos?, ¿qué tiene de atractiva esta distracción que es mejor que simplemente terminar una tarea?

3. Sé realista con el uso del teléfono. Todos podríamos tomarnos un descanso mayor.

4. Establece un lugar donde puedas estar completamente libre de distracciones. Elimina la posibilidad de mantener cosas que ya no requieran tu atención, concéntrate en tener un área tranquila que te motive y te haga más productivo/a.

Mantener el autocontrol significa dedicar tu tiempo a una sola tarea, olvídate del *multitasking* porque hasta ahora no te ha ayudado. Para mejorar tu capacidad para no apresurarte en tus tareas, recuerda:

1. Por qué deseas tanto realizar todo al mismo tiempo en primer lugar.

2. En qué categorías encajan tus tareas.

3. Cómo hacer que las tareas sean más interesantes.

No es solo la multitarea lo que puede hacer que nuestro enfoque sea ineficaz, a menudo, es nuestra falta de capacidad para priorizar tareas importantes. Para crear verdaderamente un patrón saludable de priorización, necesitas saber tres cosas: tus objetivos, tus actividades de mayor valor y tu plan. Al cultivar tu mente en torno a estos tres aspectos, te preparas para un horario más productivo.

. . .

Todo esto no tiene sentido si no estás trabajando en tu actitud. No siempre es la situación en la que nos encontramos,
sino nuestras emociones sobre las que tenemos más control.
Ser positivo/a no solo aumenta tu atención, sino que facilita
vivir el momento para evitar estar ansioso/a por el pasado o
el futuro. Tus pensamientos son uno de los aspectos que más
te distraen y al no controlar dónde vaga tu mente, le facilitas
viajar a un lugar de pensamientos repetitivos y distracción.

Si bien puede parecer que los factores externos son las
esponjas más importantes de tu enfoque, es tu propia mente
la que puede absorber toda esa energía. Cuando se trata de
completar tareas y ser competente en un entorno laboral,
elegir el momento y el lugar físico en el que trabajas es
increíblemente importante. Considera todos los aspectos
necesarios para crear un entorno en el que no solo te
concentres, sino que realmente disfrutes estar presente.

De igual manera, debes cuidar adecuadamente tu salud. No
dormir lo suficiente y saltarte las comidas porque estás
demasiado ocupado/a, no es algo de lo que debas enorgulle-
certe o presumir. En su lugar, dedica tu energía a gestionar
todos estos aspectos de tu vida para lograr la máxima
eficiencia.

. . .

Finalmente, recuerda siempre la importancia de tomar descansos y meditar. Puede ser incómodo al principio, especialmente después de entrenarnos para estar tan concentrados, sin embargo, dejar que tu mente fluya completamente libre puede ser una de las cosas más curativas para tu mente.

Estaría mintiendo si dijera que este será un viaje fácil de aquí en adelante. Si lo fuera, no tendría que ayudarte a lo largo del proceso, podrías hacerlo todo por tu cuenta. No estaré contigo para asegurarme de que mantengas ese autocontrol, no puedo darte todos los pasos necesarios para obtener los resultados más eficientes, pero lo que puedo hacer es recordarte que te ciñas a tus valores; crea metas saludables y ubica cada mañana lo que necesitas hacer en el día.

Si no estás disfrutando tu horario, ¿cuál es el punto? No vivas la vida de otra persona, no solo hagas cosas para hacer felices a otras personas, reconoce en tu persona cómo es la verdadera felicidad. Sé honesto/a con lo que esperas obtener de esta vida y toma medidas proactivas para lograrlo. Si fueras a leer un libro de 1000 páginas, comenzarías con la primera oración, si quisieras subir 10 tramos de escaleras, darías un paso a la vez.

Este es un viaje, no es una carrera. Reinventar tu mentalidad y concentrarte en tu autocontrol no es una solución rápida, es un proceso lento como leer un libro largo o subir muchas escaleras.

Sabes qué montañas tienes que escalar, eres consciente de los obstáculos que tendrás que superar.

También te sorprenderán los nuevos obstáculos en el camino pero esto no debería asustarte, debería despertar tu curiosidad. Deberías querer conocerte más a ti mismo/a para obtener una comprensión más profunda de quién eres y cómo ser la mejor versión posible de ti. ¡Sabes que te mereces esto porque ya has trabajado para llegar tan lejos en este libro! Tienes el conocimiento necesario para aumentar ese autocontrol, y ahora es el momento de dar el primer paso. ¡¡Éxito!!

CPSIA information can be obtained
at www.ICGtesting.com
Printed in the USA
BVHW071726100521
606946BV00003B/361